110 Meter über LE

Vom Sommer 1978 bis heute –
Betrachtungen von oben

Rainer Schwarzer

110 Meter über LE

Vom Sommer 1978 bis heute –
Betrachtungen von oben

Engelsdorfer Verlag
2010

Bibliografische Information durch
die Deutsche Nationalbibliothek:
Die Deutsche Nationalbibliothek verzeichnet diese Publikation in der Deutschen Nationalbibliografie; detaillierte bibliografische Daten sind im Internet über http://dnb.d-nb.de abrufbar.

ISBN 978-3-86901-904-8

Hergestellt in Leipzig, Germany (EU)
www.engelsdorfer-verlag.de

10,00 Euro (D)

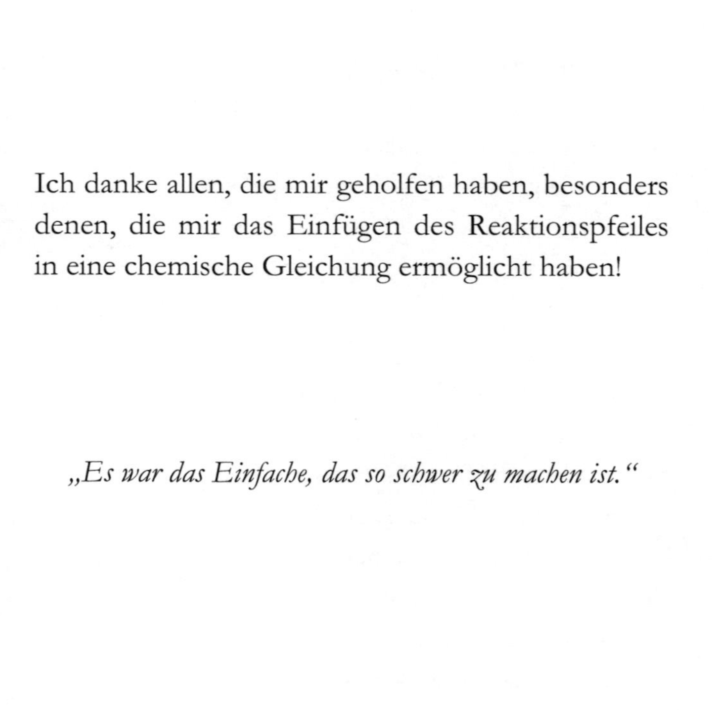

Ich danke allen, die mir geholfen haben, besonders denen, die mir das Einfügen des Reaktionspfeiles in eine chemische Gleichung ermöglicht haben!

„Es war das Einfache, das so schwer zu machen ist.“

Inhalt

Am Anfang waren 110 m zu überwinden

„Red, was wahr ist, iss, was gar ist,
trink, was klar ist“

Dr. Martin Luther

Unser Uniriese im Frühjahr

Von hier sind es bis nach oben nur 110 Meter

Es muss so im Sommer 1978, kurz vor den ersehnten Ferien gewesen sein.

Die schriftlichen Prüfungen waren vorüber – natürlich standen die Naturwissenschaften, wie üblich an letzter Stelle, und vom Direx hieß es, dass die Prüfungsergebnisse in Form der gewohnten Statistik selbstverständlich „bis gestern" anzufertigen sei!

Das hieß für mich, sich nochmals in Zweifelsfällen mit vertrauten Chemiekollegen zu beraten und in „Klausur" zu gehen.

So habe ich das für mich immer genannt, wenn ich für diese aufwändige Tätigkeit Ruhe brauchte und nicht gestört werden wollte.
Ich zog mich dann immer in unsere kleine Laube in der Gartenkolonie zurück, denn da konnte ich sicher sein, dass ich in Ruhe arbeiten und korrigieren konnte. Zwischendurch wurden mal kleine Pausen eingelegt und danach ging's weiter.
Heute schwer vorstellbar, denn an ein klingelndes Handy dachte damals noch niemand! Absolute Ruhe war garantiert.
Andererseits sollten wir noch einige Jahre warten müssen, ehe wir selbst zu Hause ein Telefon haben konnten.
Also, wieder rein in die Hütte und fertig werden. Nach getaner Arbeit noch in aller Ruhe ein kleines gepflegtes Helles gezischt, die schönen Rosen noch mal angeschaut und auch gegossen – dann die Sachen zusammenpacken und ab nach Hause.
Fertig – stolz war ich auf jeden Fall, diese erste Hürde der stressigen Prüfungszeit geschafft zu haben! Die mündlichen Prüfungen standen noch an, aber für diese verschwendete ich noch keinen Gedanken, eher dachte ich daran, dass am morgigen Samstag Abend eine tolle Feier mit all meinen Chemie- und Biokollegen und deren Anhang bzw.

was dafür herhalten musste im Restaurant vom Uni-Riesen stattfinden sollte.
Wir sind nämlich von unserem Direx mit einer Geldprämie ausgezeichnet worden – irgendwie schien diesmal unser Team mal dran zu sein, und so hatte ich für alle dort oben auf 110 m Augenhöhe im Goldenen Salon einen großen Tisch bestellt – wir wollten feiern!
Alle meine Chemie-, Bio-Kollegen und ich – mit unserem gesamten Anhang haben uns unten am Weisheitszahn (so hieß der für alle gebürtigen Leipziger) manche hatten ein zutreffendes Wort gefunden und nannten ihn „Klugscheißersilo“, denn in ihm waren ja große Teile der KMU (Karl-Marx-Universität Leipzig) untergebracht.
Nun, so weit, so gut – jetzt kam schon die erste Hürde: so einfach hochfahren ging damals nicht, denn erst musste ich uns alle am so genannten Regietisch – so ein Pult mit vielen Knöpfen und blinkenden Lämpchen darauf – bei einer hübschen Empfangsdame anmelden.
Nur gut, dass ich reserviert hatte, denn ansonsten hätten wir schlechte Karten gehabt.
Also, hin zum Aufzug, der von einem Aufzugsführer bedient wurde und alle einsteigen.

Blick auf den Uni-Riesen vom neuen Unicampus

Ein Aufzugsführer gehörte damals selbstverständlich dazu und zusammen mit ihm ging's in rasantem Tempo hinauf auf 110m über LE.
Der Druck in den Ohren verschwand augenblicklich, als sich die Türe des Aufzugs öffnete und schon standen wir vor der eleganten Einrichtung von damals bestausgestattetem Restaurant Leipzigs (das gilt natürlich für gewöhnliche DDR-Bürger; für NSW-Bürger gab es noch bessere, aber da konnten wir nicht rein, denn es fehlte uns das notwendige Kleingeld dazu!).

Unsere wenige Garderobe (es war an diesem Wochenende schön warm) gaben wir der Garderobenfrau und ein freundlicher Kellner geleitete uns zu unserem Tisch.
Sah echt toll aus und dieses Flair übertrug sich auf unsere Stimmung, die natürlich immer besser wurde an diesem Abend.
Kein Vergleich zur kargen Ausstattung des „City-Towers", wie er heute genannt wird; alles war in warmen Farben gehalten, die Einrichtung, die Bilder an den Wänden, es passte eben alles perfekt.

Das ist halt so, wenn uns die Amis wieder zeigen wollen, wie es gehen soll – hat denn die Finanzkrise nicht gereicht, oder?
Wir haben uns toll unterhalten, locker, so wie wir es auch an der Schule hielten. Wir konnten uns vertrauen und wussten, dass auf jeden von uns Verlass in jeder Situation ist.
Das Schulsystem stellte uns zwar oft vor gewaltige Hürden, aber das tat unseren privaten Kontakten keinerlei Zwang an.
Natürlich waren wir alle dem System irgendwie verpflichtet, aber sich nach außen voll gegen manche Dinge aufzulehnen, die unvermeidlich waren

und gemacht werden mussten, das brachte einfach nichts.
Irgendwann, so gegen Mitternacht änderte sich die Stimmung bei uns gewaltig schnell, denn die ersten Untermieter – flinke Küchenschaben – in der 29. Etage wanderten auf der Holzumrandung der Sitzmöbel umher!
Natürlich, wie in diesem Fall, war das Entsetzen und die spitzen Aufschreie nur eine Folge der Geschehnisse Wir haben gezahlt und sind mit rasantem Tempo – fast Fallgeschwindigkeit – wieder auf ebener Erde angekommen.
Warum sollten wir aufbegehren, wenn wir eine 8., 9., oder 10. am Anfang der Stunde mit dem FDJ-Gruß „Freundschaft" begrüßen mussten, oder eine 5., 6. oder 7. mit der obligatorischen Formel „Für Frieden und Sozialismus – seid bereit!" für den Unterrichtsinhalt begeistern wollten?
Es lag doch ganz an uns, wie wir den Unterricht gestalteten. Da taten diese Formeln der Sache, mit Elan und Eifer zu lernen, keinen Abbruch. Auf uns als Lehrer kam es doch an, wie wir die Kleinen und die ganz Großen vom Inhalt manch noch so trockenem Lehrstoffwissen begeistern können!
Keiner von uns hätte damals je im Traum daran gedacht, dass in einem reichliche Jahrzehnt alles,

aber auch wirklich alles ganz anders aussehen würde.
Felsenfest waren wir damals davon überzeugt, alles auf diese Weise richtig zu machen.
Ob das nun Pioniernachmittage, Jugendweiheveranstaltungen oder FDJ-Versammlungen waren ist doch völlig egal; Hauptsache war doch, dass alle am gleichen Strang zogen und mitgemacht haben.
Wir Lehrer waren damals jedenfalls nicht allein – wir hatten fleißige Helfer. Angefangen von den meisten Eltern, die zahlreich zu jedem Elternabend kamen, oder der Patenbrigade, die fast jede Klasse hatte (ich hatte zu Beginn eines Schuljahres mal keine, was wurde da für ein Aufriss gemacht, damit auch ich in den Genuss, eine solche zu haben, kam!).
Alle haben uns Lehrer – in diesem Falle mich, in meiner gelebten Lehrerzeit – unterstützt.

Schweinefutter für die NVA

Der übermütige Schweinemastbrigadier hatte mit seinem Dumper den halben Zaun umgefahren – das Schwein konnte erst später eingefangen werden

Eine lustige Begebenheit fällt mir dazu ein:

Ein Elternabend in meiner Klasse – der Raum voll mit Eltern und einigen Schülervertretern, denn ich wollte aktuelle Dinge angehen und in diesem Falle war es die Schulspeisung an der Polytechnischen Oberschule!
Das Schulessen war täglich reichlich und für einen geringen Preis vorhanden – na klar, jedem hat es nicht immer geschmeckt, aber das ist ja heute wohl auch nicht anders, oder?
Die großen Jungs hatten zwar mächtig Kohldampf, manche der angehenden Ladys wohl auch, aber allzu oft blieb viel zu viel auf den Tellern übrig und das landete dann ..., jawohl im Futterkübel.
Es gehörte zum guten Ton an der Polytechnischen Oberschule den Küchenfrauen, wenn man noch Hunger hatte, das zu sagen und man bekam den verdienten Nachschlag.

Noch etwas Fleisch zwar seltener, aber Kartoffeln, Gemüse und Sauce waren meist immer noch ausreichend vorhanden.

An jenem Abend wollte ich jedenfalls zum Ausdruck bringen, dass jeder der Kids an der Essenausgabe sagen sollte, wie viel er haben wollte, damit nicht so viel vom Essen einfach in der Futtertonne landet!
Jeden Tag kam nämlich der Sohn der Hausmeisterfamilie mit seinem Armee-Trabant (Kübel) und holte das Abfallessen für die Schweinemast in der NVA (für Nichtkenner der DDR-Geschichte: Nationale Volks Armee) ab, damit die Schweine dort dann groß und vor allem ... fett werden sollten.
Ich stehe also vorn und berede mit den Eltern das Thema und formuliere die Aussage, dass die Kids doch nicht so viel vom Essen wegwerfen möchten – es sei ja verständlich, dass die Schweine bei der Armee auch Hunger hätten, und sich über das gute Essen freuen, aber es ist so nicht ganz richtig. Jeder Schüler solle doch bitte sagen, wie viel er auf den Teller haben möchte!
Einhellig gemeinsame Meinung, bis auf einen Major, der sich durch meine Aussage in seiner Ehre

als Langzeitsoldat bei der Armee gekränkt und beleidigt fühlte.
Dabei hatte ich doch ihn damit gar nicht gemeint, sondern die Schweine, die in der Mastanlage so vor sich hingrunzen und schön fett werden sollen!
Das war vielleicht ein Theater, kann ich ihnen sagen, aber ich hatte ja schon in meinem Erstling beschrieben – ohne EA (Elternaktiv) läuft gar nichts. Die haben mich dabei toll unterstützt und dem Major so richtig die Meinung gegeigt.
Wenn er sich in seiner Tätigkeit als Major angegriffen sehe, dann solle er doch bedenken, dass er wohl nicht das Schwein sei und Herr Schwarzer ja nicht ihn, sondern die schon mehrfach erwähnten Grunzer meine!
Ja, ja, soweit haben sich die Elternvertreter aus dem sprichwörtlichen Fenster gehangen – hätten eigentlich Angst haben müssen vor so einem „Brett" (insgeheim wurden Offiziere der NVA im Volksmund hinter vorgehaltener Hand so genannt) in die Pfanne gehauen und schlimmstenfalls vor die Parteileitung ihres Betriebes zitiert zu werden.
Sie überzeugten ihn mit Engelszungen. Seiner Tochter, die ja auch in diese Klasse ging, war das Verhalten vom Papa äußerst peinlich und sie

wechselte wohl dabei laufend die Gesichtsfarbe und fand ihren Vater echt ätzend!
Jedenfalls hatte sich dann alles zum Guten gekehrt und, man glaubt es kaum, aber ab dem nachfolgenden Mittwoch gab es tatsächlich an der Essenausgabe vorher Wünsche, wie viel auf den Teller soll.
Klingt doch ganz gut, wenn es so ausgeht.

Die NVA kann auch anders sein

„Vor der Gämse gähnte der Abgrund, hinter ihr die Verfolger"

Das oben genannte Haus – die Bretterbude – war ein Altneubau, in dem nur Offiziere und deren Angehörige wohnen durften, eine Westantenne zum Empfang von Kuli & Co. gab es selbstverständlich nicht!

Trotzdem kam irgendwann mal die Erkenntnis, dass unter dem Dach solche Empfangsstäbe aus Blankenburg im Harz (das waren die Einzigen, die in der DDR so etwas produzierten) aufgehängt waren.

Ja, so ist das, gesiebte Luft ist ganz gut, aber auf den „Schwarzen Kanal" wollten auch die nicht verzichten.

In dem Gebäude wohnten aber auch vernünftigere Leute, die unsere Arbeit in der Schule prima unterstützten.

Da waren beispielsweise Janos' Eltern, auf beide war Verlass, wenn irgendetwas unternommen werden sollte und dazu Betreuer gebraucht wurden.

So auch zu unserer Fahrt in die Dübener Heide im Frühjahr 1979 (damals mit unserer Reichsbahn noch möglich, heute dank DB nicht mehr) – Verbindung nur 1x im Jahr, wenn in Leipzig Weihnachtsmarkt ist). Wir sind von Leipzig über Eilenburg bis zum Heideort Söllichau gefahren, haben dann den kurzen Weg zum Ortsrand genommen und sind von da ab immer geradewegs durch Busch und Flur in Richtung Bad Schmiedeberg gewandert.
Die Strecke dehnt sich gewaltig, aber nach gut 3 ½ Stunden sind wir schon an der schönen Aussicht gewesen und etwa 30 Minuten später waren wir im Kurort Bad Schmiedeberg.
Unterwegs haben wir einige Male Rast gemacht und die gesunde Natur, aber vor allem das schöne Wetter genossen. Dabei ist sicher auch manche Zigarette zu Tode gequält worden, aber das störte mich nicht weiter, da sich die Raucher immer hinten aufhielten!
Irgendwie ist es mir auch gelungen, in einer Gaststätte für alle etwas zu Essen und zu Trinken zu organisieren, aber anschließend wollten ja alle einige Zeit allein für sich sein.

Einen Zeitpunkt und Ort zum Treffen haben wir uns noch ausgemacht und dann verströmten sich alle in die sprichwörtlichen 4 Himmelsrichtungen.
Wir beide – Herr Zappel und ich – haben gemütlich einen Bummel durch den Kurort gemacht, Kaffee getrunken und dabei so Land und Leute betrachtet, die in so einer Kleinstadt leben.
Zum vereinbarten Zeitpunkt waren tatsächlich alle da und unserer Rückfahrt nach Leipzig mit dem Heideexpress stand nichts mehr im Wege.
So war das zu jener Zeit – die Bahnpreise erschwinglich, das Interesse der Kinder und Jugendlichen bei solchen Unternehmungen groß – Vorkommnisse der besonderen Art hat es wenige gegeben – im Gegenteil, allen Beteiligten hat so ein Tag gut getan. Alles war halt einfacher, aber für alle waren solche Wandertage gut.

Was man alles über Prüfungen wissen sollte

„Veni, vidi, vici (Ich kam, ich sah, ich siegte)
Julius Cäsar

Die mündlichen Prüfungen standen in den kommenden Tagen vor der Tür und da hieß es erstmal:

- Zensuren überprüfen
- Zensuren noch nachtragen
- Vorzensur festlegen
- Abwägen, wer könnte sich wohl verbessern
- Wer könnte im Endeffekt in die mündliche Prüfung kommen.

Wenn das alles fertig war, kam der Tag der Entscheidung – die Prüfungskonferenz!
Alle Kolleginnen und Kollegen saßen im Lehrerzimmer mit ihren Listen und Tabellen und dann ging es wie auf einer Börse zu.
Name, Klasse, welche Fächer (5 mündliche waren die maximale Obergrenze) – bei manchem reichten schon 2 oder 3 Fächer aus, aber es gab auch Experten beider Seiten darunter, wo diese Anzahl nicht ausreichte.
Manchem musste eben 5x auf den „Zahn gefühlt" werden!

Das waren dann meist diejenigen, die in der Vergangenheit so manchem Lehrer die Schweißperlen auf die Stirn getrieben hatten – das nennt man wohl auch: Die Rache der Lehrer!
Mehr Möglichkeiten gab es nicht – einige Schüler hatten zuvor Wünsche geäußert, wo sie gern in die Mündliche kommen würden, auch das fand an diesem meist sehr langem Nachmittag Eingang in unsere Arbeit.
Nach 3, 4 oder 5 Stunden (wir hatten auch mal ein Jahr mit 6 Zehnten Klassen) war das Ergebnis fertig – perfekt war es keinesfalls, denn am Tag der Verkündung in den Klassen gab es schon mal Wutausbrüche, Freudentänze, auch Tränen der Verzweiflung ..., aber im Allgemeinen ging das Ganze recht fair ab.
Leider traf mich die „Bombe" immer sehr hart, denn ich hatte mich schon vor Jahren bereit erklärt, zu meinen beiden Fächern noch Astronomie, was ich dann später extern an der Friedrich-Schiller-Universität in Jena studiert habe, mit zu unterrichten. Da konnte es schon mal vorkommen, dass auf meinem Prüfungsplan 25 oder gar 30 Prüflinge standen, während die Sport- und Musiklehrer es da wesentlich leichter hatten (im Kunst-

erziehungsunterricht war das ebenso, denn da kannte ich keinen, der da dran war).
Heute passiert das schon manchmal, dass auch in Kunsterziehung einer dran ist – es sind aber nur 2 Prüfungsfächer möglich.
Als gut gemeinten Rat bekam ich dann immer von meinem Direx zu hören, dass es ja meine Dienstobliegenheiten seien und da müsse ich nun durch!
All diese Gedanken schwirrten auch im Uni-Riesen an dem bewussten Samstag Abend durch meinen Kopf, aber ich nahm das locker, denn bisher hatte ich das ja auch immer geschafft.

Für dieses Jahr hatte ich mir mal vorgenommen, in die Astro-Prüfung paar Fragen mit einzubauen, die sich mit dem nicht ganz ernst zu nehmenden Seitenzweig der Astronomie – der Astrologie – befassen sollten.
Meine Mama war zu ihren Geschwistern in den Goldenen Westen gefahren und hatte mir von dort paar Seiten mit Horoskopen mitgebracht.
Material hatte ich auch schon vorher etwas gesammelt, denn im Rundfunk oder Fernsehen gab es ja einige Sendungen, die sich damit ernsthaft befassten. Aber wie sollte ich das Ganze in den Fragen unterbringen?

Die nächste Hürde war dann das Ausarbeiten der Fragen (mit Schreibmaschine selbstverständlich) und das Aufkleben der Zeitungsausschnitte mit diversen Horoskopen, damit von der Rückseite nichts zu sehen ist, was evtl. Tchibo, Aldi oder Eduscho gerade so im Angebot hatten, oder wie niedrig der Kaffeepreis damals beim Aldi oder bei Edeka war.

Gesagt, getan und frisch, fromm und frei (hat wohl Theo Lingen immer gesagt) an das Werk und wenn alles fertig war, dann konnten die Fragen am Ormig-Gerät vervielfältigt werden. Das Hässliche daran war nur, das ich davon immer blaue Finger bekam, obwohl ich mich doch so vorgesehen hatte.

Der Tag der Astro-Prüfung kam immer näher heran, die lieben „Kleinen“, die auserwählt waren besuchten intensiv und regelmäßig die Konsultationsstunden.

Hatte mir vor einiger Zeit von Kollegen meiner späteren Schule sagen lassen müssen, dass der Besuch der Konsultationen heute nicht unbedingt selbstverständlich sei!

Entweder kommt man da erst gar nicht bzw. zur Prüfung hat man Null Bock und erscheint da auch nicht.

Schade, dass es im Bildungssystem der freiheitlichen Ordnung soweit kommen musste – was soll denn alles noch geschehen?
Es macht schon traurig, wenn Teile der jungen Generation solche Ansichten haben, aber diese Gesellschaft ist nun mal so angelegt, denn da reicht oft schon Halbwissen und man wird ganz groß rauskommen!

Zurück zum Wissenserwerb – also, in einer der Konsultationen, die ich durchgeführt habe, hat mir jeder der Prüflinge gesagt, auf welchem Gebiet er oder sie sich sicher fühlen, denn sollte doch etwas bei der Prüfung schief laufen, dann wollte ich auf besagtes Thema zurückgreifen können.
Ganz, ganz selten musste ich von dem Angebot Gebrauch machen – der Wissenseifer stand bei den meisten (Ausnahmen gab es aber auch schon!) an erster Stelle.
Solange ich Lehrer war, und das bis zum Beginn des Seniorenzeitalters, (Rentendasein klingt mir zu doof) habe ich jedem Schüler das Thema mit auf den Kern bezogenen Teilfragen zugeordnet. Ganz selten hat das wohl mal nicht geklappt; aber da war doch noch die Notausgangstür offen und dann sollte wohl nichts mehr schief gehen!

Von Glücksspielen halte ich sowieso nichts, schon gar nicht bei Prüfungsfragen, wenn die Prüflinge eine Frage ziehen müssen.
Nach meiner Meinung sollte ein guter Fachlehrer seine Schützlinge gut genug kennen und wissen, wo ihre Schwächen, aber auch ihre Stärken liegen.
Ich bin auch in den vielen Jahren nie von einem Schüler ernsthaft gefragt worden, dass ich ihm doch das Prüfungsthema verraten sollte – ich habe ihnen dann immer versichert, dass das, was wir in den Konsultationen besprochen haben auch Teil des Prüfungsinhaltes sei.
Damit bin ich, jeder meiner Prüflinge, die vielen Fachberater und Prüfungsvorsitzenden (zu DDR – Zeiten musste das immer der Direx oder sein Stellvertreter sein – zumindest ein Genosse der SED – denn die hatten ja die meiste Ahnung!) ganz gut zurechtgekommen – im heutigen Politikgeschehen ist das kaum anders; unsere Berufspolitiker sind doch alle so flexibel und können jedes Ressort übernehmen – Hauptsache sie sind gerade in der richtigen Partei!
Auch in der Nachwendezeit – immerhin bin ich bis 2004 im aktiven Schuldienst gewesen – hat das immer geklappt. Dazu kam dann 1990 noch das tolle Fach Ethik dazu, welches nicht nur mir, son-

dern auch den meisten Schülern viel Freude bereitet hat.
Zurück zum Prüfungsjahr 1978 – draußen vor dem Zimmer 31 – (das war der Chemieraum, den ich eigenhändig mit unternehmungslustigen Schülern der 9c gebaut und eingerichtet hatte) saßen die Kandidaten und es war ihnen anzusehen, dass sie froh gewesen wären, wenn der Stress nur schon vorbei wäre!
Öfter als nötig, wurde der Hefter mit den Unterrichtsaufzeichnungen oder das Fachbuch aufgeschlagen und ...; das kann ich nicht, das auch nicht usw. Kam ich dazu, dann war mir klar, dass hier nur gute Worte helfen können und der Blick dahinein völlig überflüssig und unnötig sei.
Blickkontakte hin und her – es konnte danach losgehen.
Hinein in das Vorbereitungszimmer und zu Beginn die obligatorische Frage: „Fühlen Sie sich gesund, um die Prüfung im Fach Chemie, Biologie ... abzulegen?“
Wenn das bejaht wurde, dann lagen schon an einem unserer 3 Schreibtische in diesem Raum Papier und die Prüfungsfrage bereit.
Aus unserem eingespielten Team von Fachlehrern übernahm nun einer oder eine die Aufsicht, denn

nichts wäre schlimmer, als wenn das Nichtfachlehrer tun sollten.

Ein Experiment oder eine stöchiometrische Aufgabe (d.h. chemisches Rechnen) sollten in den 30 Minuten Vorbereitungszeit im Grundansatz begonnen werden; das Endergebnis konnte dann auch draußen fertig gestellt werden.

Praxis und Theorie sollten unbedingt eine Einheit bilden. Natürlich war Chemie nicht jeden Schülers Sache, aber im Laufe der vergangenen 4 Jahre in diesem Fach (damals begann der Chemieunterricht in Klasse 7 und nicht wie heute in der 8.) sollten wohl alle mitbekommen haben, dass alles um und in ihm mit Chemie zu tun hat und nicht losgelöst voneinander betrachtet werden kann. Andererseits wurden damals auch noch viel mehr Stunden in diesen Fächern unterrichtet als heute.

Der Grundansatz zum Wissenserwerb war eben besser durchdacht, als es heute der Fall ist.

Von Vereinigungsproblemen und nicht nur auf dem Bildungssektor

„Hunger ist der beste Koch“
Sokrates

Das ist halt ein Problem seit der Wiedervereinigung – jedes Ländle kocht sein eigenes Süppchen und lässt sich dabei von keinem anderen (besonders von solchen, die wirklich Ahnung hätten, wie die Suppe schmackhaft werden könnte) in diese „hineinspucken“.

Warum eigentlich?

Es wäre viel einfacher – und das nicht nur für die Lernenden, sondern auch für die Lehrenden-, gäbe es einheitliche Lehrpläne, Lehrbücher und Prüfungsverordnungen in Deutschland.
Stattdessen macht jeder seins – sind eben zu viele Personen, die in den Bildungssesseln der Schaltzentralen (sprich Kultusministerien) sitzen und sich durch nichts von da vertreiben lassen!
War doch nicht alles schlecht in unserer ehemaligen DDR. Einheitlichkeit auf kompletter Linie im Bildungssektor und nicht nur dort.

Wenn da eine Familie aus Hohenstein-Ernstthal oder aus Halle/ Saale nach Demmin oder nach Heringsdorf an die Ostsee zog, da konnten die Kinder die gleichen Schulbücher verwenden und entweder hatten sie den Stoff schon kurz vorher gehabt, oder er würde in Kürze durchgenommen werden bzw. er wurde soeben erarbeitet.
Von den heute entstehenden Umzugskosten ganz zu schweigen, müssen neue Lehrbücher (und viele sind bunt und teuer) gekauft werden, und manchmal gibt es dieses Fach in dem betreffenden Ländle gar nicht.
Toll, diese modifizierte Kleinstaaterei – ich warte schon sehnsüchtig auf den Moment, wenn wir von Leipzig nach Bad Düben fahren und dabei an der Grenze zu den „Bremssachsen" – so nennt man das Volk in Sachsen – Anhalt scherzhaft, dass da plötzlich jemand steht und von mir Zoll verlangt!
All dieses gab es schon vor Hunderten von Jahren und ist damals schon von namhaften Persönlichkeiten angeprangert worden.
Warum kann auf dem Gebiet nach über 20 Jahren keine Einheit entstehen?
Warum ist es so schwer, alte Zöpfe abzuschneiden und nach vorn zu denken?

Mir hat, da mich dieser Unsinn sehr bewegt, vor Jahren mal ein Prof. aus Potsdam geantwortet, dass es sich da um sogen. „heilige Kühe“ handelt und diese schlachtet man bekanntlich nicht.
Ähnlich ist es doch auch mit der Bezahlung der meisten Lehrer zwischen Ost und West. Es wäre doch echt konsequent, wenn junge, ausgebildete Lehrer hier blieben, statt dass sie in Hessen oder in Baden-Württemberg ihre Brötchen verdienen.
Die ganze Aufregung unseres momentanen Kultusministers in Sachsen um dieses Thema ist nicht zu verstehen.
Hier in Sachsen ist doch, außer in den Führungsspitzen an den Schulen, keiner verbeamtet und vollzeitbeschäftigt. Alle müssen Teilzeit arbeiten d. h. bekommen auch weniger Geld für die gleiche Leistung! Und dazu sei noch gesagt, dass Sachsen Spitze bei den Pisaergebnissen ist. Das soll einer verstehen, ich als gestandener Astro-, Chemie- und Bio-Lehrer verstehe das, wie viele meiner ehemaligen Kollegen eben nicht.
Ich bin ja auch vom Fach und bin in keiner Partei, die im Moment das Sagen hat – danach geht es doch eigentlich nur – wer die Macht hat, gibt sie so schnell nicht wieder ab.

Viele, ja zu viele Köche haben da schon den Brei bzw. die Suppe bisher versalzen, nur eines waren sie: deshalb kompetent, weil sie aus der amtierenden 3-Buchstabenpartei entstammten und eben alles konnten.

Warum werden, statt dieser Kleinstaaterei hier in Deutschland nicht endlich mal Nägel mit Köpfen gemacht?

Ein einheitliches Bildungssystem ist nötig und an den oberen Regiezentralen müssen Politiker sitzen, die vom Fach sind und ... Ahnung von der Materie haben.

Es dürfen nicht solche Postenbesetzer sein, die dann bei einer anstehenden Neuwahl mal schnell durch Neue ersetzt werden!

Das gilt aber auch für andere Gebiete und ich denke da an das jetzige Gesundheitssystem und dessen Strukturen.

Hier wird doch allzu sehr deutlich, wohin dieses Parteiengerangel führt. Brauchen wir denn im so reichen Deutschland über 200 Krankenkassen – das Geld, was dafür eingespart werden kann, könnte bei gesunder Schrumpfung beispielsweise dafür aufgewendet werden, allen Kindern in Deutschland – egal, ob in der Kita, oder in der Schule ein kostenloses bzw. kostengünstiges Mittagessen zu geben.

Das ist langfristig gesehen, günstiger und schafft auch Arbeitsplätze.
Abgesehen davon stand in der heutigen Ausgabe der Leipziger Volkszeitung, dass die gesetzlichen Krankenkassen in Deutschland ein Plus von über 1 Milliarde erwirtschaftet haben – wo bleibt denn das viele Geld?
Dafür erhöhen fast alle Kassen ab März 2010 ihre Beiträge um etwa 8 € – wofür eigentlich?
Küchenkräfte, Lieferservice u.a. würden davon profitieren und zu der ARGE kämen dann weniger Bürger, um immer und immer wieder nach Arbeit zu fragen. Ihnen ist es doch leid, immer wieder die gleiche Antwort zu hören*: wir haben nichts für sie!*
Manches könnte ganz anders laufen, wenn an den Schalthebeln dafür ausgebildete und fähige Leute sitzen (sie könnten auch stehen!) und klare Aussagen geben würden. Leider wird sich das Dilemma in der nächsten Zeit kaum ändern und es geht im alten Trott so weiter.
Bin ja mal gespannt, wofür in Sachsen die ca. 40-Millionen € ehemaligen SED-Vermögens ausgegeben werden, die vom Novum-Außenhandel stammen und in der Schweiz gebunkert waren!?
Wäre schon toll, wenn soziale Einrichtungen davon etwas abbekämen.

Aber, was sage ich, als die Praxisgebühr eingeführt wurde – u.a. zur Mitfinanzierung der Pflegeversicherung – hat jeder gedacht, dass da ausreichend Knete zusammenkommt!
Weit gefehlt, ein Großteil wird für bürokratischen Nonsens und für den Bau von Kassenpalästen ausgegeben und kommt am eigentlichen Zielort gar nicht erst an. Arztpraxen, Therapieeinrichtungen u. a. müssen den Zaster annehmen, Quittungen ausstellen und werden hoffentlich nicht zur Zielscheibe für Geldräuber, wie es momentan bei uns viele Drogeriemärkte sind.
Es wäre sicher einfacher, per Überweisungen oder gleich das Geld in den Topf zu schicken, wo es seiner sinnvollen Verwendung zugeführt werden kann.
Ich habe da aber nichts zu entscheiden und außerdem bin ich in keiner Partei; also von da aus schon unzumutbar für dieses System! Rentner und speziell die im Ostteil des ach so einig Vaterlandes haben da sowieso nichts zu entscheiden.
Deutschland, einig Vaterland, wo bist du nur?
Noch mal zurück zum Kindergarten- oder Schulessen. Wie viele Eltern können ihren großen und kleinen Knirpsen nicht das Geld für das angebote-

ne Mittagessen mitgeben. Sie haben es einfach nicht!
Stattdessen werden in so mancher KIGA-Einrichtung zur Mittagszeit die Kleinen getrennt; getreu dem Motto: haste was, dann darfst du mitessen, wenn nicht, dann geht ihr in der Zwischenzeit schön in das andere Zimmer und esst das, was euch von zu Hause mitgegeben wurde!
Schön traurige Geschichten, aber sie sind wahr. Früher waren zur Mittagszeit ganze Heerscharen von Kids zu beköstigen – sogar 2 Essenspausen mussten an meiner ehemaligen Polytechnischen Oberschule eingerichtet werden, um das logistisch zu stemmen.
Aus meinen ehemaligen Klassen waren dann meist 2 oder 3 Schüler mit dabei und haben kurz vor Stundenende den Klassenraum verlassen dürfen, um die angelieferten Essenkübel der Großküche im Schulhaus zum Aufzug zu bugsieren, damit unsere 2 Küchenkräfte oben vor der Aula diese in Empfang nehmen konnten, damit das sprichwörtliche „Große Essen“ (nicht das, was jetzt vielleicht mancher gedacht hat!) beginnen konnte.

Übrigens 1. – wurde ein Aufzug erst am Ende der 70-er Jahre gebaut – die Kübel wurden bis dahin dann mit Muskelkraft vom Erdgeschoss in die 2. Etage geschafft.

Übrigens 2. – alle meine Schüler, die hier mithalfen, haben auch ihr Klassenziel erreicht. Sie haben sich, für ihre Verhältnisse und der damaligen Zeit entsprechend, sehr sozial verhalten und nie rumgemault, oder großartig gefragt, was denn für sie dabei herausspringt!
Ist schon irgendwie frustrierend, sehen zu müssen, wie viele gute Dinge und Werte bei der Vereinigung den Bach hinuntergingen.
Es wäre besser gewesen, hätten sich unsere verantwortliche Politiker mehr Zeit gelassen und Fachleute ins Boot geholt, damit nicht 20 Jahre später die halbe Besatzung mit dem Abpumpen des eingedrungenen Wassers in den leckgeschlagenen Kahn beschäftigt ist.
Zurück zur Prüfung – wenn die Vorbereitungszeit vorüber war – meist so 30 Minuten-, dann ging es an das „Eingemachte" d.h. in den Prüfungsraum. Selbstverständlich hatten alle unsere Prüflinge ihr FDJ-Hemd an; das war nun mal so und wurden vom Direx mit dem obligatorischen Gruß „Freundschaft" begrüßt, aber dann kam fachliches Wissen auf den Tisch.

Alle Fragen waren von mir so konzipiert, dass alles sich um ein bestimmtes Thema rankte. Nicht jeder der Kandidaten konnte doch flüssig reden – die Aufregung war ihnen anzusehen, aber in den vergangenen Konsultationen hatten wir alle schon gemeinsam an dieser Strategie geübt.
Der Schließmuskel im Auge des Menschen reguliert die Pupillenweite entsprechend dem eingefallenen Licht!
Ging das nicht, so musste das Frage-Antwort-Spiel gemacht werden – das ging aber oft prima.
War das Thema umfassend erörtert, der Beisitzer hatte zwischenzeitlich das Protokoll geschrieben und der Prüfungsvorsitzende sich mit dem Direktor vom Bauhof NO über Austauschlieferungen für seinen Datschenbau abgestimmt (so war das öfter – Anwesenheit ging vor Sachkenntnis zum Thema!), dann erlöste ich den Prüfling und es ging in die kleine Wartepause vor der Zimmertüre.
Kurz danach musste er wieder herein und ich gab das Prüfungsergebnis mit der entsprechenden Begründung dazu, dann machte sich, egal wie die Sache ausgegangen war, große Erleichterung breit. Kurze Rückfragen, ob noch andere Prüfungen anstehen und welche Einsätze noch bis zur Zeugnisausgabe gemacht werden mussten (viele Schüler halfen uns in der Schule recht vielseitig, wieder

Ordnung ins Gefüge zu bringen), dann kam für uns eine kleine Pause, in der wir ein wenig verschnaufen konnten, denn so ein Prüfungstag war manches mal ganz schön stressig und ... lang.
An manchen Tagen kamen bis zu 15 oder gar 20 Prüflinge dran – das hieß für uns, vom ersten Moment bis manchmal weit nach 14 Uhr, aktiv und aufnahmebereit zu sein.
War zwar nicht immer leicht, aber geschafft habe ich es doch und ein wenig Stolz schwang dann auch noch mit, wenn der Großteil es gepackt hatte und Nachprüfungen nicht nötig wurden.
Immerhin konnten damals bis zu fünf mündliche Prüfungen anfallen!
Dagegen geht's den heutigen Prüflingen doch blendend – maximal zwei Prüfungen, Einsprechthema schon zu Hause vorbereiten und mehr nicht.

Sterne lügen nicht – oder?

„Die erste Sonnenuhr in Europa
stand in Sparta um 550 v. Chr.“

Vergangenes Jahr wurde in Sachsen – einst nicht nur Wissenshochburg und weltweit berühmt für seine Errungenschaften – an den Mittelschulen das Fach Astronomie abgeschafft und einige Inhalte wissenswerten Stoffes in Geografie und Physik integriert.
Heute – wir schreiben das Jahr 2010 – im vergangenen Jahr 2009 war das Jahr der astronomischen Wissenschaften – gibt es schon zaghafte Versuche, dieses Missgeschicks auszugleichen und das älteste Naturwissenschaftsfach im Regelunterricht in einigen unserer benachbarten Bundesländer wieder anzubieten.
Unser aller Kanzlerin ist doch mehrfach mit der Ehrendoktorwürde geehrt worden – nicht für politische Dialoge, sondern für ihre physikalischen Grundkenntnisse, die sie besitzt.
Wo bleibt da ihr Engagement, diesen Zerfallsprozess aufzuhalten?

Die Astronomie allein ist in der Lage, die Existenz der irdischen Lebewesen in den letzten 5 Milliarden Jahre zu erklären und auch zu beweisen.
Proteste namhafter Wissenschaftler aus allen Bundesländern, voraus die aus Sachsen, haben aber bisher nichts ausrichten können!
Vielleicht kommt bei einer der nächsten Schulreformen dann eben mal schnell Astrologie auf den Stundenplan, oder wir versuchen es mal auf dem Niveau von Telenovelaebenen der Jetztzeit.
Wenn ich bedenke, für solche Machwerke, die tagtäglich über viele Kanäle flimmern – und die ziehen sich Millionen Menschen als Echtheitszertifikat pausenlos rein – werden nur wenige Aufnahmestunden benötigt. Dagegen für Kinofilme von Niveau brauchen deren Macher Wochen oder gar Monate, um Wertvolles zu schaffen Auf dieser Strecke ging es in den letzten Jahren gewaltig bergab – ich merke; ich komme vom Hauptthema „Prüfungen“ etwas ab.
Nach gelungener, manchmal auch misslungener Prüfung halfen mir einige Schüler, wieder Ordnung in die Sammlungen der Naturwissenschaften zu schaffen. Im Laufe des Schuljahres blieb dafür wenig Zeit und sie freuten sich ehrlich, da mitzuhelfen.

Da wurden Etiketten geschrieben (natürlich per Hand-Drucker gab's noch nicht), Vorratsflaschen und Schülerarbeitssätze mit Chemikalien aufgefüllt, Wandbilder gestaltet, Bücher repariert und katalogisiert – alles, damit im kommenden Schuljahr der Unterricht erneut reibungslos ablaufen kann.
Bei derartiger Tätigkeit kamen auch Gegenstände zum Vorschein, die schon lange gesucht worden waren.

Auch Experimente klappen nicht immer

„Chemie ist das, was pufft und stinkt, Physik meist das, was oft nicht gelingt"

Der normale Unterricht ging natürlich weiter für alle anderen Klassen und manches Experiment wurde noch einmal gezeigt, weil es nicht so geklappt hatte, wie es sollte.

Eines aus dieser Rubrik ist mir noch mehr als gegenwärtig.

Das war der Versuch zum Aluminothermischen Schweißen – ein einfaches Verfahren, das in der Praxis auch heute noch Verwendung findet, um beispielsweise Straßenbahnschienen vor Ort nahtlos miteinander zu verbinden. Das war immer sehr eindrucksvoll und es kam durchaus vor, dass besorgte Anwohner wegen der intensiven Rauchentwicklung die Feuerwehr alarmierten, weil sie dachten, dass die Schule abbrennt!

Dem hatte ich aber bereits vorgebeugt und in der Hauptfeuerwache Bescheid gegeben, dass die zu erwartende Rauchentwicklung mit dem Experiment zusammenhängt.

Also, frisch, fromm und frei ans Werk – Eisenoxide, Aluspäne und etwas Magnesiumspäne zusammengemischt – das alles in den vorbreiteten Tontopf (mit Loch versteht sich!) eingebracht. Oben wurde eine kleine Vertiefung in dem Gemisch gelassen, dann alles in die Halterung eingespannt – Kaliumpermanganat im Mörser fein zerrieben, die Glyzerinflasche (heute wird das Zeug Glyzerol genannt) mit der Pipette und ein Lappen zum Abwischen – all das kam auf ein Tablett, dann konnte es losgehen.

Foto zum Verfahren, Geräte und Chemikalien

Dabei reagieren Eisenoxide und Aluminium in einer exothermen Reaktion ganz schön heftig mit-

einander und es entsteht unter Freisetzung von viel Energie vor Ort flüssiges Roheisen.
Ganz schön praktisch, diese Reaktion, als Experiment aber nur im Freien durchzuführen!
Die Reaktionsgleichung dafür lautet:

$3Fe_3O_4 + 8Al \rightarrow 9\,Fe + 4\,Al_2O_3$; Q= -n KJ (exoth.)

Egal, wie das Wetter war, dieses Experiment klappte immer und bei jedem Wetter!
Nur eben an diesem Tag nicht, da halfen auch die beiden Wunderkerzen nicht, die von Silvester noch übrig waren – im Topf tat sich einfach nichts!
Im Mörser qualmte und zischte das Zündgemisch, aber in der Vertiefung des Tontopfes gab es nichts zu erkennen.

Das Experimentierpult mit dem Handwerkszeug des Chemikers

Lange Gesichter bei den 8-Klässlern und Enttäuschung bei mir (und denen, die aus den Fenstern der Klassenräume lugten), um das Spektakel zu verfolgen.

Chemie in der POS

Der Ort des Geschehens

Was sollte ich also machen? Kehrt marsch und alles wieder zurück auf Anfang. Alle Utensilien, das Stativ und alles, was sonst noch gebraucht wurde mitsamt den Schülern zurück ins Zimmer 31 gebracht. Irgendwie musste es ja weitergehen war das einzig Logische in dem Moment – da klingelte es zur Pause – na prima!
Nach Ende des Unterrichtes war es bei uns so *uso*, dass Raucherkollegen zu uns in der Chemie vorbeikamen, um einerseits eine zu ziehen, aber auch um bestimmte Ereignisse des Tages auszuwerten und Alltagsmeinungen zu erfahren.
Auch mein Kollege Jochen war einer derer, mit dem man über alles und alles Mögliche reden konnte. Er war Stabü- und Geschichtslehrer, auch Genosse, aber einer der Sorte, mit dem man sprichwörtlich gesagt „Pferde stehlen“ konnte.
Mit ihm stand ich also am Podest von Zimmer 31, erklärte ihm alles, was mir erstmalig bei diesem Schauexperiment widerfahren ist. Ich zeigte dabei auf alles und jenes – meinte nur, dass das Glyzerin und alle anderen Stoffe nicht so wollten – ich weiß auch nicht, warum!
So zur Demo gebe ich noch mal paar Tropfen Glyzerin auf mein Gemisch im Blumentopf und drehe mich um, weil draußen auf dem Gang gera-

de unsere zuverlässigen Reinigungskräfte am Werk waren um sich Wischwasser vom Gasdurchlauferhitzer holten.
Da ... wurde ich von Jochen leicht unsanft in die Rippen gestoßen und mit dem Daumen zeigte er auf den Experimentiertisch.
Wie von Geisterhand ging die Sache jetzt richtig los; Reaktionen mit Rauch, Funkensprühen, Zischen usw.
Mein vorletzter Gedanke war nur, einen der griffbereiten Feuerlöscher zur Hand zu nehmen, um für den Notfall gewappnet zu sein!
Vorsichtshalber sind wir zu den Putzgirls auf den Flur gegangen und haben dem Spektakel kontrolliert von dort seinen Lauf gelassen. Es dauerte auch nicht lange, und dann kam flüssiges Roheisen aus dem Blumentopf in die darunter aufgestellte Sandschale geflossen. Die Reaktion ging danach auch langsam (für mich sehr erleichternd) zu Ende.
Das Chemiezimmer musste dann allerdings in der nächsten Woche „etwas" gereinigt werden – im jetzigen Moment haben wir alle Fenster erst mal auf „Durchzug" gestellt, damit sich die Rauchwolken verziehen konnten.
So ist das eben, wenn einen der Glaube verlässt und keine Hoffnung mehr da ist!

Meinen Zuschauern hat's jedenfalls gefallen und passiert ist auch weiter nichts.
Jochen war auf alle Fälle baff, was so ein Experiment alles bewirken kann – in seinen Stunden ging es meist um Fakten, Doktrinen, Marx' Kapital u.a.m.
Aus heutiger Sicht hatte Karl schon recht – er hatte ja mal gesagt, dass das einzige Kapital, was dem ganzen Volk gehört, seine Schulden sind!
Wie wahr, in der heutigen Zeit, wenn große Banken das Geld der Anleger verzocken und danach noch zur Belohnung eine stattliche (oder sollte das nicht staatliche heißen?) Finanzspritze als Abfindung bekommen. Ähnlich auch die momentane Situation in den Leipziger Wasserwerken, wo Millionen in den Sand gesetzt worden sind!

Stuttmanns Blick auf die Situation

In den anstehenden Sommerferien und bei den Arbeitseinsätzen unserer vernünftigen 10-Klässler wurden die Rußschäden behoben, von einigen Bildern der Staub gewischt, aber auch meine vielen Pflanzen auf den Fensterbrettern ist nichts geschehen!

Warani geht in die Geschichte ein

„Alle Welt horchte auf, als Luther um 1600
Seine 95 Prothesen an die Schlosskirche zu
Wittenberg schlug“

Diese gewaltige Rauch- und Rußentwicklung hatte dann sicher auch dazu beigetragen, das einzige lebende Kriechtier in diesem Raum (eine Echse) von meiner damaligen Studentin der Uni Leipzig zu mumifizieren.

Doch genaueres an dieser Stelle – zweimal in meinem Lehrerdasein hatte ich die Aufgabe, Studenten der KMU beim Großen Schulpraktikum in Chemie und Biologie als Mentor zu betreuen.

Alles für den so genannten „Appel und ein Ei“. Ein Berg von Arbeit, viel Fingerspitzengefühl, aber am Ende hat sich bei allen beiden der Aufwand gelohnt.

Bei Gisela kam es an einem Nachmittag, den sie für meine 8. gestaltete zu einer lustigen Begebenheit.

Sie stellte ihnen ihre Erfahrungen beim Umgang mit bei ihr heimischen Kriechtieren vor – denn zu Hause hatte sie statt eigener Kinder eine stattliche

Anzahl dieser lieblichen Viecher in den Terrarien wohnen.
Das Interesse der Zuschauer war groß, denn jeder wollte doch mal fühlen, wie sich die Haut des mitgebrachten Warans anfühlt, nachdem Gisela diesen in seiner vollen Länge auf dem Experimentiertisch der 31 vorgestellt hatte!
Sie nahm ihn auf den Arm, ging schön langsam durch die Reihen der Schüler und da ... passierte es!
Warani machte mit einem Male einen Satz, runter vom Arm und ging dann schnellstens in Deckung.
Wohin geht man als Warani am besten in Deckung?
Natürlich ... unter das Podest in dem Chemiezimmer. Da war guter Rat teuer und die Aufregung bei allen natürlich riesengroß. Gisela galt nämlich in diesem Fall als Klassenleiterin, die nicht nur fachliche, sondern auch sozial-pädagogische und menschliche Kompetenzen in der Praktikumsarbeit erwerben sollte.
Kein Lockmittel half an diesem Nachmittag, um Warani unter dem altgedienten Holzpodest hervorzubitten.
An dieser Stelle sei allerdings die Frage erlaubt, wer denn an diesem Nachmittag aufgeregter war? Giselas-Warani oder die 8. Klasse?

Ich gehe für meinen Teil mal davon aus, dass der Erregungsfaktor bei allen gleich verteilt war.
Ihr Mann, der sie dann am späten Nachmittag abholte und mit der Transportkiste vor dem Zimmer wartete, hatte auch keinen Erfolg, Warani zur Rückkehr ins traute Heim der Lindenstraße (die gab es in LE wirklich, noch ehe die Erfolgsserie in der ARD starten konnte!) zu bewegen.
Beiden Tierhaltern blieb nichts weiter übrig, Warani von der Teilnehmerliste ihre WG zu streichen.
Schade, aber der Abbau des Tisches, der vielen Versorgungsleitungen würde wesentlich aufwändiger werden, als ihn darunter in seinem Konservierungsschlaf zu belassen.
Von Tierschutzverbänden oder gar a.i. ging damals noch keine Gefahr aus und Protestbewegungen vor dem Bildungsministerium waren ebenfalls nicht zu erwarten.
Wie dem auch sei, in der Umgestaltungsphase der Polytechnischen Oberschule zur Wendezeit der DDR 90/91, wurde aus dem Chemiekabinett ein stinknormaler Unterrichtsraum und der mumifizierte Warani lag unter allerlei Staubschichten friedlich unter dem keimfreien Holzpodest.

Im Chemiekabinett hielten sich keine Bakterien; geschweige denn andere schädliche Untermieter auf.
Chemikaliendüfte sorgten einfach dafür, das hier eine keimfreie Atmosphäre vorlag – selbst Motten, wenn sie abends von draußen durch die Lüftung aus reiner Neugier hereinkamen, hatten wenig Chancen, ihr flatterhaftes Leben weiterzuführen.
Rein kamen sie, aber ... raus?
Die Reinigungskräfte reinigten damals die Räume täglich und einmal in der Woche wurde gründlich gewischt – im Chemie- und Bio-Zimmer war der Wischbedarf natürlich wesentlich höher und dem trugen unsere fleißigen Fußbodenkosmetikerinnen (so nannten wir sie ehrfurchtsvoll) selbstverständlich Rechnung.

Vom Schulessen und anderen Errungenschaften

„Bei Düsseldorf wurde eine neue Menschengruppe entdeckt – es waren die Emmentaler“

Sollte nun jemand auf den Gedanken kommen, schädliche Umwelteinflüsse haben die Schüler damals in der DDR vergiftet – denen sei hier mitgeteilt, dass es bisher keine Folgeschäden bei den hochbegabten Individuen gegeben hat und außerdem sind statistische Erhebungen, so wie sie heute von allerlei Instituten gemacht werden, nicht bekannt.
Die wurden lieber bei der Anzahl der Milchtrinker und Mitesser gemacht; das war damals für alle vom Preis her erschwinglich, aber heute ist schon der Essenpreis für eine nicht immer geschmackvolle Mittagsportion von 2,50 Euro für viele Eltern nicht mehr bezahlbar.
Schade, denn ich hatte gedacht, wie ich als junger Lehrer 1968 in Dahlen anfing, das so etwas selbstverständlich sein sollte, auch wenn die Häuserfassaden an vielen Stellen bröckelten und die Infrastruktur manches Mal nicht ganz stimmig war, aber für die Kinder und Jugendlichen wurde viel getan.

Schon in der Krippe oder im Kindergarten wurde viel Wert auf Gemeinsamkeit und Konfliktlösungen gelegt. Da gab es kein Kind, das zur Mittagszeit in einem anderen Raum sein musste, während die Gruppen ihre Mahlzeiten einnahmen.
In der Schule war das auch nicht anders – wenn ich daran denke – in Dahlen, wo ich als Lehrer anfing, wurde im Kellertrakt noch selber gekocht (die Kartoffeln wurden von den fleißigen Küchenfeen auch noch per Hand geschält!).
Das will schon was heißen, bei über 400 Schülern und fast gleichviel Mitessern!
Das Essen schmeckte, egal, was angeboten wurde – elegante Tische gab's nicht, dafür mit Wachstuch überzogene lange Tafeln mit Bänken (wie heute in den Biergärten), jeder hielt sich an Normen und ganz selten war es notwendig, jemanden auf seinen bekleckerten Platz hinzuweisen.
Das lief dort und auch in der Polytechnischen Oberschule in LE prima!
Hier kam noch der Raumzwang am Anfang dazu – klein, aber fein war der spartanische Essensraum. Manchmal wurde über die Bank geklettert, oder aber unter dem Tisch durchgekrochen, weil eben kein anderer Platz in dem kleinen Raum war.

Die Situation entschärfte sich erst, als die große Aula auch als Speiseraum genutzt werden konnte, da war endlich mehr Raum vorhanden und die Umgebungsatmosphäre ebenfalls deutlich freundlicher.
Da waren Gardinen an den Fenstern, an den Wänden hingen Bilder und die aufgelockerte Tischaufteilung machte es allen recht angenehm.
Leider war anfangs noch kein Aufzug für die vielen Essenkübel eingebaut und so halfen meine fleißigen Geister emsig mit, dass zur Essenszeit alles paletti war.
Nach dem Einbau des Aufzuges ging es dann flotter und die anstrengende körperliche Arbeit wurde zusehends weniger.
Nach dem Essen wurde alles schön blitzblank geputzt, denn am Nachmittag, oder am Abend standen meist noch andere Veranstaltungen dort an.
Auch Schulentlassungen wurden da in würdevoller Atmosphäre und sehr feierlich durchgeführt.

Eine Entlassungsfeier mit Hindernissen

„Frisch, fromm, fröhlich, frei!“
Turnvater Jahn

An einer derartigen Entlassungsfeier hängt mein Gedächtnis noch prima dran – es muss wohl 1978 oder 1979 gewesen sein – die Entlassung der drei Zehnten war bestens vorbereitet, die Zeugnisse lagen geordnet in den Mappen der jeweiligen Klassenlehrer und die Spannung steigerte sich vor der Aulatür und dem Zimmer 43 (das wurde als Garderobenraum genutzt).

Alle 3 Klassen standen so hintereinander, wie wir es mit ihren Klassenleitern geprobt hatten und warteten auf das Zeichen zum Einmarsch.

Drinnen saßen Eltern, Großeltern, Freunde und alle, die es nochmals erleben wollten, wie es ist, die eine Hand vom Direktor und vom Klassenleiter gedrückt zu bekommen und in die andere eine Blume und das Zeugnis zu erhalten.

Wenn da nur nicht einer der Klassenlehrer im Trainingsanzug direkt vom Sportunterricht aus der Turnhalle in die 2. Etage zu seiner Klasse gekommen wäre!

Unser Direx war derart erbost über diesen „Aufzug“ und forderte ihn auf, sich schleunigst etwas festlicher anzuziehen.
Erst mal lange Gesichter auf allen Seiten, denn vorerst ... begann erst mal gar nichts!
Drinnen im Saal wurde auf technische Schwierigkeiten verwiesen, draußen murrten die 10., denn sie standen ja schon eine ganze Weile und wir anderen Kollegen, die an der Feierstunde teilnehmen sollten, konnten uns ein Lächeln nicht verkneifen – dieser Sportaufzug passte nun wirklich nicht zu dem Anlass!
Alle waren irgendwie festlich gekleidet, die Schüler in ihrer FDJ-Kleidung (ganz wenige ohne dieser!) und freuten sich auf den Moment, wo sie aus der Polytechnischen Oberschule entlassen werden sollten.
Sollte nun jemand meinen, warum denn um alles in der Welt dort alle blau waren – das war eben so! Egal wo, das Blauhemd gehörte einfach dazu.
Heute versucht man jemandem, der dieses Hemd in der Öffentlichkeit anzieht ein Verfahren an den Hals zu drücken wegen Tragens eines verfassungsfeindlichen Elementes!

Es war eben zu der Zeit so und hätte es damals an der Schule Religionsunterricht gegeben, dann würde auf dem Zeugnis die Reli-Note erscheinen.
Hatten wir aber nicht, dafür war Stabü ein Pflichtfach, wie jedes andere und wenn Wert auf göttliche Beistand gelegt wurde, dann konnte derjenige im Reli-Unterricht bei der Jungen Gemeinde außer Konkurrenz daran teilnehmen.

Ganz nebenbei bemerkt – das Fach GK (Gemeinschaftskunde/ Rechtserziehung) ist auch nichts anderes, als Stabü des „Westens“.
Es ist verdammt schwierig, heute Menschen, die diese Zeit nicht selber erlebt und gelebt haben, die äußeren Umstände des Systems zu erklären.

Kleiner Exkurs in unser DDR-Leben

„Die Streichhölzer müssen gut versteckt werden,
damit sie keine kleinen Kinder kriegen"

Es war auch bei weitem nicht so, das hinter jedem Mauervorsprung, oder einer Ecke jemand von der Stasi stand – wir haben auch gelebt und haben gewusst, uns auf vielen Gebieten zu arrangieren.
Das bedeutet aber nicht, dass ich mich deshalb verbogen habe, um dem System zu gehorchen.
Bestimmte Dinge mussten eben sein und gehörten – wie bei damals üblichen Koppelgeschäften zwischen Ost und West – einfach dazu.
Dem nicht „gelernten DDR-Bürger" muss ich wohl an dieser Stelle den Begriff „Koppelgeschäft" erklären.
Also, wenn es beim Fleischer eben mal Rouladen vom Rind oder Schwein offiziell über den Ladentisch gab, dann gehörten halt paar Markknochen (manche sagten auch immer listigerweise „Marx"-Knochen), oder Beinscheiben für eine kräftige Brühe dazu – obwohl man die gar nicht wollte!
Wer das ablehnte, hatte bei späteren Einkäufern sehr schlechte Karten und mit dem „Weihnachtsschinken" war dann nichts.

Mangelware wurde eben wirtschaftsintensiv an den Mann oder die Frau gebracht und für uns Hiergebliebenen (über die wird kaum geredet und geschrieben, meist nur über die anderen, die aus irgendwelchen Gründen gegangen waren!) war es klar, wenn vor einem Geschäft eine Schlange stand, dann stellte man sich erst mal an, ohne zu wissen was es gab.
Durch den „Buschfunk" ging es schnell zu erfahren, was gerade verkauft wird.
Ganz nebenbei bemerkt waren Koppelgeschäfte gängige Praxis nicht nur zwischen der DDR und der Bundesrepublik, sondern auch zu den NSW-Ländern.
Für Nichtkundige der DDR-Geschichte: Nichtsozialistisches Wirtschaftsgebiet = NSW= kapitalistisches Ausland.

Nun aber zurück zur verspätet beginnenden Entlassungsfeier – alles klappte dann prima.
Festredner
Parteisekretär
Musikalische Einlagen
Danksagung der Jugendlichen
Blumenübergabe und alles drum herum.

Es war wieder mal soweit und drei 10. Klassen verließen die Polytechnische Oberschule.
Wenn nun die festliche Zeugnisausgabe vorüber war, dann folgte bei den meisten Klassen der eigentliche Höhepunkt – die große Abschlussfete.
Meist fand diese in der geräumigen Turnhalle statt und es war selbstverständlich, dass dazu alle Lehrerrinnen und Lehrer eingeladen wurden.
Es kamen auch alle!
Heute passiert es schon mal, dass nicht mal alle Abgänger zur Fete kommen, geschweige denn das pädagogische Personal!
Eltern sind sowohl damals, als auch heute nicht gerade „erwünschte" Personen zu diesem Anlass.

Wir hatten sogar mal in einem Jahr sechs Abschlussklassen – das war ein echter Hingucker für uns alle. Da spielten aber auch alle mit und selbst das Wetter hatte es mit uns gut gemeint und die Party konnte in und vor der Turnhalle starten.

Perspektiven damals und heute

„Meine Tante hat 2 Kinder,
aber schwanger war sie noch nie"

Ich selbst hatte viele 10. Klassen, meist von Anbeginn mit Bio in der 5. bis zum Abschluss begleitet und ein jeder wurde mit der Gewissheit aus der Polytechnischen Oberschule entlassen, dass draußen eine Lehrstelle, oder für wenige der Weg zum Abi klar war.
Keiner wurde damals in die vielfältigsten Formen der Arbeits- bzw. Perspektivlosigkeit entlassen.
Jeder bekam eine Lehrstelle; nicht immer die, welche gewünscht war, aber eben eine gesicherte Perspektive. Jeder war sich sicher, dass seine Arbeitskraft bis an das Ende seiner Tage gebraucht wurde.
Wer von uns Hiergebliebenen ahnte denn, dass 1989 ein gewaltiger Einschnitt in der deutsch-deutschen Geschichte anstand?
Hellsehen konnte keiner – wir waren uns sicher und arrangierten uns, so gut es eben möglich war mit dem System.
Dazu gehörten eben Pionier- und FDJ-Nachmittage, Gewerkschaftsveranstaltungen, Parteilehrjahre, Jugendweiheevents u.v.a. auf der einen Seite,

aber es gab eben auch noch die zusammenhaltenden Gemeinschaftsveranstaltungen, wie Frauentagsfeiern, Kollegiumsfeiern in unserer Aula, Kollegiumsausflüge und Weihnachtsfeiern (die sollten übrigens mal nach dem Willen der DDR-Obrigkeit „Jahresendfeiern" genannt werden).
Ganz besonders witzig war dabei die Bezeichnung der Weihnachtsengel als „geflügelte Jahresendfiguren", denn kirchliche Begriffe waren für unsere Oberen der berühmte „Stachel im Fleisch"!
Auf dieser Strecke hat es eine ganze Menge solcher Kuriositäten gegeben, dazu aber später mehr.

Von besonderen Techniken, Giftblätter zu schreiben

„Die erste Messung der Entfernung der Erde von der Sonne erfolgte um 750 v. Chr.“

Es hat schon schöne Momente gegeben, vor allem, wenn die große Last der Prüfungen, Konferenzen und Zeugnisschreibereien mit den damals üblichen Einschätzungen u.a. vorbei war.
Dann war Aufatmen angesagt, ich ganz besonders, denn Theoretiker war ich nie, eher Praktiker.
Computer gab es noch nicht und Zeugnisse mussten mit der Hand geschrieben werden, oder mit spezieller Technik auf der Schreibmaschine produziert werden.
Die besondere Technik bestand darin, das Zeugnisdoppelblatt knitterfrei in den Maschinenwagen einzulegen und sich beim Schreiben nicht zu vertippen, denn dann war alles umsonst!
Das Zeugnisformular für die 10. Klasse war nämlich auf den Dokumentenstellen gelblich unterlegt und da half auch kein Tipp-Ex vom Klassenfeind (ich hatte durch meine ehemalige Verlobte, welche durch ihre Arbeit mit vielen NSW-Kunden zusammen kam dafür recht gute Karten) und bei uns

zu Hause war immer ein Päckchen oder ein Fläschchen desselben vorrätig.
Da musste alles noch mal geschrieben werden. Bei den anderen Zeugnisformularen ging es aber problemlos, denn sie waren schneeweiß und da konnte ich ausbessern, ohne dass jemand es bemerkte.
Ach ja, der Antiknittertrick bestand darin, zwischen das Abschlusszeugnis ein dünnes Blatt Seidenpapier zu legen und erst dann mit der Maschine zu schreiben. So entstand kein Knitterrand!
Heute werden solcherart Dokumente mit einer speziellen Software am Rechner geschrieben – dauert zwar elend lange, sieht aber natürlich wesentlich besser aus. Schon schön, wenn Inhalt und Outfit im Einklang sind.
Was das Aussehen betrifft, wusste ich mir schon damals zu helfen und so bat ich unsere Kunsterzieherlehrerin Frau Schiffel, mir doch die Namen und persönlichen Angaben auf dem Zeugnis in Schönschreibschrift drauf zu bringen. Das sah dann wie gemalt aus – war es ja irgendwie auch – ich war eben Chemie- und Biolehrer und sie hatte halt die Kunst des Schönschreibens mit Tusche und Feder gelernt.

Manches mal war ich dann so richtig stolz, schön gestaltete „Giftblätter“ mit persönlichen Worten zur Zeugnisausgabe übergeben zu können.
Da brauchte ich mir keinen Zacken aus der sprichwörtlichen Krone zu brechen und immer nur liebe Worte zu sagen, sondern konnte eben auch derbe Kritik (natürlich nur für die Ohren des Empfängers bestimmt) mündlich überbringen.
Für die Einschätzungen auf den Formularen war zwar ausreichend Platz, aber es konnte und durfte da nicht alles was wohl wahr gewesen ist, erscheinen (eine Form der Zensur eben!).
Ich habe da so manches Mal tagelang an der Wort- und Satzwahl gefeilt, bis es von der Obrigkeit abgesegnet war und auf das Zeugnis geschrieben werden konnte.
Eine kleine Hilfe hatte ich dafür immer dabei – ein 10-Pfennig-Schulheft – in diesem hatte ich in den vielen Jahren, wo ich mit der Klasse zusammen war, Dinge für meinen späteren Gebrauch (allerdings weder druck – noch dokumentenreif! geschrieben.)
Da tauchten schon mal Begriffe, wie Arsch, Schlange, Schlitzohr, Knallkopp, Pfeife, oder Schlamprich ... usw. auf und ich konnte später a.H.

des Zusammenhanges der Dinge dokumentenreife und personengebundene Formulierungen treffen.
Dafür war das Heftchen ganz gut zu gebrauchen, denn nicht immer hatte ich nach 4, 5 oder 6 Jahren von den manchmal bis zu 32 Kids alles, was so in der Vergangenheit auffällig war, im Gedächtnis parat.
Standen dann die Formulierungen im Rohbau erst mal, kam der Feinschliff im Satzbau dazu. Es sollte ja stimulierend und aufbauend sein und keine niederschmetternde Personenkritik sein. Gut überlegt, wie oder was muss formuliert werden.
Wenn das alles fertig war, habe ich immer mit einem meiner Kollegen, der die Klasse gut kannte, im Feinschliff Verbesserungen vorgenommen, diese und jene Formulierung verändert, oder staatsbürgerlich förderliche Elemente in Zeilen eingefügt – musste eben sein.
Es gehörte jedenfalls immer dazu, gesellschaftliche, oder sportliche und außerschulische Aktivitäten mit einzuflechten.
Die eigene Persönlichkeit mit wenigen Sätzen zu beschreiben, fiel dabei nicht schwer.

Während meines großen Schulpraktikums in der Dübener Heide gehörte es ebenfalls dazu, sich in solcher Wortwahl zu üben.
Das hat mich gewaltig geschult, besonders ab dem Zeitpunkt, als mein damaliger Mentor erkrankte und ich in das sprichwörtliche „kalte Wasser“ geworfen wurde und dazu noch alle Klassenleiteraufgaben alleine erfüllen sollte.
An dieser Schule waren aber auch sehr hilfsbereite und verständnisvolle Kollegen – der Direx eingeschlossen!
An dieser Stelle nochmals herzlichen Dank für alles!

Die ganze Hürde zum Schluss und der Schutz vor dem imperialistischen Feind

„Die von Darwin ausgegrabenen Riesenfaultiere waren noch fauler als die heute lebenden"

War dann alles soweit in Sack und Tüten, dann mussten die Zeugnisse der Schulleitung zur Kenntnisnahme (besser gesagt zur Absegnung!) und zur Unterschrift des Direktors vorgelegt werden.
Sollte jetzt einer denken, nun sei es geschafft, der irrt gewaltig – nicht alle Direktoren fanden während meines Lehrerdaseins die Formulierungen in Ordnung und ein Einziger fand sie gelinde gesagt: Ausschuss!
Wochenlange Arbeit wurde da mit knallharter Ansage zunichte gemacht. Er kritzelte auch einfach in den fertigen Zeugnissen anderer Kollegen herum und trug seine „Verbesserungen" ein!
Sogar der Parteisekretär von den Genossen der SED war darüber entsetzt, wie man so in abwertender Weise die Arbeit der Kollegen zunichte machen konnte.
Der Parteisekretär war aber derjenige, mit dem ich den Feinschliff erarbeitet hatte. Es hat im Nachhi-

nein gewaltige Auseinandersetzungen hinter verschlossener Dirextür gegeben; im Endeffekt blieben meine Formulierungen bestehen und es wurde krampfhaft nach irgendeiner orthografischen Unstimmigkeit gesucht, um die eigenen Fehler nicht eingestehen zu müssen!

Soviel zur „Genossenschaftsarbeit" an der Polytechnischen Oberschule!

Übrigens war dieser Direx auch derjenige, der bei ZV-Kursen (ZIVILVERTEIDIGUNG steht für ZV) in Uniform der NVA erschien.

Diese Kurse, wenn ich sie so nennen darf, waren ein Teil des Lehrplans und beinhalteten vom Kerngedanken her alles, was man als normaler DDR-Bürger über den zivilen Schutz vor imperialistischen Angriffen seitens des Klassenfeindes wissen sollte.

Ob das nun Fragen zur Ersten Hilfe, oder sportliche Betätigungen beim Bau von Notunterkünften im Zeltlager, oder das sich schützen vor schädlicher Strahlung – gemeint ist die radioaktive Strahlung! – alles musste militärisch geübt werden und dazu herrschte natürlich auch der „liebliche" Ton von der „Fahne" an erster Stelle.

Kommandomäßig von Anbeginn an bis zum Ende nach 14 Tagen und damals war am Samstag noch

Unterricht. Manchmal gar bis nach 14.00 Uhr – das war ganz schön stressig, aber geschadet hat es niemandem, im Gegenteil, alle haben sich bei diesem „Event“, wenn ich das mal so nenne, besser kennen gelernt. Des einen Schwäche ist durch die Stärke des anderen ausgeglichen worden und selbstverständlich erschien auf der Abschlussbeurteilung oftmals auch ein entsprechender positiver Satz mit dazu.

Das war eben so und ließ sich nicht ändern in diesem System. Es gab sogar für dieses Unterrichtsfach extra Lehrbücher und Material aller Arten (Gelder wurden dafür locker gemacht, man glaubt es nicht).

Die Zusammenarbeit mit dem DRK klappte unsererseits sehr gut, denn meine Kollegin und ich hatten uns beizeiten darum bemüht, um von dort Unterstützung zur Ersten Hilfe zu bekommen. Das konnten alle später gut gebrauchen, denn eine Fahrerlaubnis wollten die Jugendlichen ja später alle mal machen und da war ein Grundkurs in der Ersten Hilfe damals wie heute die Voraussetzung dafür. Vor allem, die Freunde vom DRK rückten mit allerlei Material und Gerätschaften an, was im normalen Schulalltag in der POS nicht vorhanden war. Welche Schule hatte denn damals ein Phantom zum Üben der Atemspende, denn nur wenige Schüler wollten diese von ihresgleichen bekommen, wobei der Gedanke an sich schon irgendwie reizvoll war, wenn die Jungs an den Mädchen diese vollzogen (umgekehrt ebenfalls!).

VEB IFA-Vertrieb
PKW-Bestellbestätigung

Stempel VKB

31. OKT. 1983

Satzart | VKB | Bezirk | Bestelldatum | Registrier-Nr. | Typ

Vom Besteller links beginnend ausfüllen

Personenkennzahl

Name

Vorname

PLZ | Wohnort

Straße

Hausnummer

Unterschrift Besteller | Verkäufer

Nur gültig mit Stempel und Unterschrift des Verkäufers

VEB IFA-VERTRIEB | PKW-BESTELLUNG 1) / VERÄNDERUNG 2)

28. Mai 1976

Name, Vorname: Schwarzer Marlies

Anschrift: 705 Leipzig, E.-Thälmann-Str. 166

Trabant-Lim.

28.5.76

VEB IFA-Vertrieb Halle, Fachfiliale 301, 7031 Leipzig

ANGESTELLTER / ARBEITER / HANDWERKER
GENOSS. BAUER / INTELLIGENZ / SONST.

So sahen die PKW-Anmeldungen damals aus

Wenn auch dann bis zum eigenen Fahrzeug fast zehn oder mehr Jahre vergehen würden, das spielte jedenfalls dabei keine Rolle.
Wenn ich 18 bin, so die Devise, dann melde ich mich für meinen Trabi, oder bei finanziell besser gestellten Kindern für einen Wartburg oder Lada an.
Zur Erinnerung ist auf der Vorseite das „Dokument“ einer Trabi-Anmeldung eingefügt!
Ich selbst habe das ja auch gemacht, obwohl ich nie in meinem irdischen Leben die Fahrerlaubnis erworben habe, dafür fahre ich heute Hawazuzieh, oder Hackenporsche bei unseren Einkäufen!
Bei dem Hackenporsche muss ich wohl niemandem erklären, was da gemeint ist, der Hawazuzieh wird manche Denkerstirn in Falten legen lassen, aber es ist doch ganz einfach: *Handwagen zum Ziehen* bedeutet diese Abkürzung!
Dabei könnte sich heute, in Zeiten globaler Wirtschaftskrisen mancher Kleinbetrieb eine goldene Nase mit dem Bau solcher umweltfreundlichen Fahrzeuge verdienen.
Ein jeder Kleingärtner weiß ein solches Gefährt zu schätzen.
Ich pflege dieses Teil, denn Ersatzteile dafür gibt es nicht und ich habe so manche Fuhre Gartener-

de von einem der freundlichen Baumärkte auf unsere gepachtete Erdscholle des Gartenvereins transportiert. Wie hätte ich denn sonst 2 oder 3 Säcke von dort zum Garten transportieren sollen?
Nicht jeder fährt eben mit dem Auto – wir haben dafür einen Bus- und Straßenbahnfahrplan im Haus und zum Opernhaus in das Stadtzentrum bietet sich eine Fahrmöglichkeit mit unserer legendären Bimmel bestens an.

1. ist sie im Preis der Eintrittskarte enthalten
2. es fällt die lästige Suche nach einem Parkplatz weg
3. selbst die Benutzer der Tiefgarage kommen oft auf den letzten Pfiff in den Saal, weil sie ja Stoßstange an Stoßstange auf die Einfahrt in die Tiefgarage am Augustusplatz warten müssen.

Wir gehen dafür mit Blick auf die Fahrzeugkolonne wohlgemut zur Garderobe und gönnen uns in Ruhe vorher noch den Blick in das Programmheft und bummeln ein wenig durch das Haus.
Wenn dann, so wenige Minuten vor Vorstellungsbeginn einige Zuschauer abgehetzt in den Saal kommen, entlockt uns das nur ein müdes Lächeln, denn wir können in Ruhe genießen.

So ist das aber überall bei eingefleischten Autofahrern – „nö“ für öffentliche Verkehrsmittel, aber „ja“ zum eigenen Spritfresser!
Ohne Kulturgenuss in meiner Heimatstadt Leipzig; nein, das wäre einfach undenkbar.
Es würde mir etwas Entscheidendes fehlen und wenn ich dann eines Tages an Petrus seine Pforte klopfen sollte, und von ihm gefragte werden würde, ob ich auf Erden gelebt hätte oder da gewesen wäre, dann möchte ich den ersten Teil der Frage bejahen.

Zurück zur Polytechnischen Oberschule und Episoden aus der Zeit

„Der Erfinder der Bakterien war Robert Koch“

Es gab noch eine Praktikantin, der ich erfolgreich den Weg als Fachlehrerin für Chemie und Biologie den Weg ebnen konnte und die mir und meinen Klassen das Beste zeigte und später eine prima Lehrerin geworden ist.
Manch intensives Vorbereitungsgespräch war nötig und Korrekturen mussten überzeugend rübergebracht werden, aber sie hat alles mit Bravour gemeistert.
Ihre beiden Prüfungslektionen überzeugten sogar die puren Theorieweltmeister von der Uni, die ja dabei sein mussten.
Das war der perfekte Start ins Berufsleben – für jeden DDR-Bürger von da an bis zur Rente!
Heute kaum machbar, was für uns damals Realität war.
Kein Berufstätiger in diesem Lande brauchte sich um soziale und persönliche Zukunftssachen Sorgen zu machen. Da war alles, manchmal auch etwas zuviel davon, für uns geregelt.

Für Kinder wurde gesorgt, jeder Jugendliche konnte einen Beruf erlernen und sich dort weiter qualifizieren.
Und noch etwas gab es bei uns damals – das grüne SVK-Buch; wunderbar, weil darin alles, aber auch wirklich alles verewigt wurde. Ob das Krankheiten, Impfungen, Kuren oder Gehaltsbezüge u.a. wichtige Dokumentationen waren- alles stand darin. Ganz nebenbei bemerkt, war das bei meiner Rentenberechnung vor paar Jahren ein ganz hilfreiches Dokument.
Es war wirklich nicht alles schlecht in unserer kleinen DDR, es gab eben auch gute Seiten, wie u.a. dieses kleine grüne Buch.

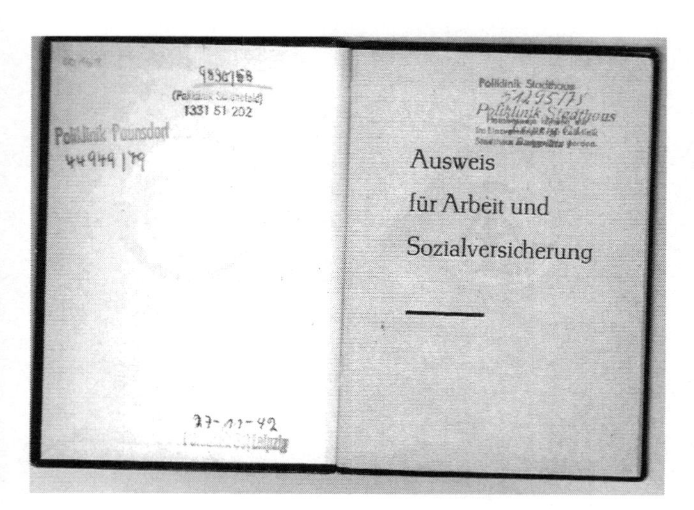

Unter der grünen Außenfassade verbarg sich ein nicht zu unterschätzender Inhalt – mancher DDR-Bürger bezeichnete es aber auch als „Grünes Urlaubsbuch", denn 3 oder 4 Wochen „Kasse" pro Jahr mussten schon rausspringen!

Die „Fahne“ und nicht nur ich

„Der Mann ist der, der die Kinder entweder männlich oder weiblich macht“

Als ich zur „Fahne“ musste, hatte mich dann meine zweite ehemalige Praktikantin – in der Zwischenzeit an der Nachbarschule als prima Fachlehrerin bekannt – in diesen Abschlussklassen bestens vertreten.
Ich musste ja zu dem „Verein“ und konnte nicht einfach sagen, dass es mir zu dem Zeitpunkt nicht passt!
Heute ist es selbstverständlich, dass Jugendliche in solch einer Situation sich frei entscheiden können und keinerlei Repressalien zu befürchten haben. Zu meiner Zeit ein Unding, zumal dann, wenn einer, so wie ich Familie hat und dafür Verantwortung trägt.
Ich bin dann 1979 einberufen worden – hatte aber das besondere Glück, nicht allzu weit von zu Hause „dem Staate dienen“ zu dürfen!
Die ersten 6 Wochen waren besonders schwer, der Kontakt nach draußen war auf Null gefahren worden, und nervenden Spielchen der Armeeoberen bestimmten meine Tage und viele Nächte.

Aus heutiger Sicht erscheint das mir wie seelische Grausamkeit, wenn beispielsweise Nachts um 3.30 Uhr die Alarmsirenen heulten und alle Soldaten im Eiltempo antreten mussten, um dann zu einer fiktiven Gefechtsübung, verbunden meist mit einem Gewaltmarsch, auszurücken.
Was sollte ich machen? Mich stur stellen? In den Arrest dafür kommen?
Da überwog die eigene Intelligenz und der Gedanke, dass diese Zeit irgendwann auch mal vorüber sein wird.
Das Leben wurde zur Qual, aber glücklicherweise war ich nicht allein und mit mir viele Vernünftige, die ebenso dachten, wie ich und die Strapazen aushielten.
Nach dem 6-Wochen-Marathon konnte ich zum ersten Mal Besuch empfangen, denn bis dahin bestand der Kontakt nur durch die Post, die mir viele Briefe und wichtige Pakete bescherte.
Da kamen Pakete, in denen sich Utensilien für blasenfreie Füße und einen einigermaßen glatten Hals befanden.
Große Freude also, als an einem Samstag im November 1979 ich meine ehemalige Verlobte mit unserem kleinen Sprössling in die Arme schließen konnte. Da flossen jede Menge Tränen, nicht nur

an meinem Tisch im Besuchsraum der Kaserne in Gohlis!
Stolz zeigte mir unser Junge, was er momentan in der 2. Klasse schon alles gelernt hatte und gab mir auch einen Brief von seiner Klasse mit „einigen Bemerkungen“ seiner Klassenlehrerin dazu mit! Es galt damals in der DDR als besonders gut, wenn Klassen Kontakte zu Armeeangehörigen pflegten. Hier bot sich doch die beste Gelegenheit dafür. In dem Brief stand allerdings, dass ich doch nach Möglichkeit nur positive Dinge an die Klasse über den Armeealltag schreiben möchte, denn wenn ich die Realität schildere, käme das nicht gut an!
Ich war froh, endlich meine beiden Lieben in die Arme schließen zu dürfen, aber dann unendlich traurig, als es ans Abschiednehmen ging.
Winken und Tränen auf beiden Seiten bei fast allen von uns, die es kurz vor der beginnenden Adventszeit im Jahr 79 dorthin verschlagen hatte.
Ich hatte im Vorfeld für diesen Reservistendienst darum gebeten, doch ein halbes Jahr später eingezogen zu werden, da ich drei 10. Klassen in den naturwissenschaftlichen Fächern sicher durch die Prüfungen leiten wollte.
Das Wehrkreiskommando in Gestalt zweier ordensgeschmückter Herren teilte mir nur lächelnd

mit, das es nur ginge, wenn ich schwanger wäre – und das sei ich ja offensichtlich nicht!
Das war die Aussage, die ich damals zu hören bekam – aus und basta!
Traurig, aber nicht zu ändern für mich. Glücklicherweise ergab es sich, dass meine ehemalige Praktikantin von der Nachbarschule an meine Polytechnische Oberschule abgeordnet wurde und den Schülern der drei 10. Klassen Sicherheit geben konnte.
Sie hat das prima gemacht und manche zusätzliche Stunde von ihrer kleinen Familie abgeknapst und die Zeit für mich geopfert.
Das zu wissen, tat unendlich gut.
Soviel nur zum Thema „Menschenverständnis" bei den Verantwortlichen der NVA im Vorfeld des Dienstes an der Waffe.
Aufgewachsen bin ich mit der Erkenntnis, dass niemals wieder von deutschem Boden ein Krieg ausgehen dürfe und Waffen aller Art zu ächten sind.
Unser Kind bekam, wie auch die meisten Kinder unseres Freundes- und Verwandtenkreises keine Kriegsspielsachen geschenkt und auch in den späteren Jahren hat es keiner meiner Direktoren ge-

wagt, an mich heranzutreten, ob nicht mein Sohn seinen Berufsweg bei der NVA finden könnte.
Ein jeder kannte meine pazifistische Haltung, denn die Armeezeit hatte entscheidend dazu beigetragen, eine ablehnende Haltung gegen jede Form des aktiven und ruhenden Militärs zu entwickeln.
Wir sind deshalb sehr froh, dass unser Kind einen handwerklichen Beruf ergreifen konnte und diesen, mit entsprechenden Zusatzqualifikationen auch heute noch ausüben kann.
In Zeiten wirtschaftlicher Rezession wie heute im Jahr 2010 auch damals schon nicht ganz einfach, aber grundsätzlich und mit viel Energie machbar.

Zurück zur Reservistenzeit

„Kaiser Ludwig I. ist während einer totalen Sonnenfinsternis im Jahre 840 u. Z. vor Schreck gestorben"
(Sie dauerte ca. 5 Minuten)

Das Weihnachtfest und der Jahreswechsel rückten immer näher, jeder von uns Soldaten hoffte, an diesen beiden Höhepunkten des Jahres 1978 zu Hause sein zu können.
Da wurde aber allen ein Strich durch die Rechnung gemacht und ganz deutlich gesagt, dass wir als Reservisten dabei zuletzt drankommen.
Was blieb uns allen anderes übrig, als sich damit abzufinden!
Also, weiterhin Übungen, Manöver, Wacheschieben am fiktiven Munitionsdepot in Lindenthal und das Feindbild aufrechterhalten. Rauf auf den Ello und schnell raus – egal, zu welcher Tages- oder Nachtzeit das war.
Vergatterung und mit der scharfen Waffe hinauf auf den zugigen Beobachtungsturm, um die Eindringlinge mit: „Halt, wer da? ..." abzuwehren.
Glücklicherweise hat bei mir der Verstand nicht ausgesetzt – auch später höchst selten – und ich

konnte mein kleines Miniradio aus dem Sturmgepäck hervorholen. Konnte also, obwohl es verboten war, wenigstens etwas Zusatzkontakt zur Außenwelt halten und im Deutschlandfunk Nachrichten, oder nächtliche Konzerte leise empfangen. Allerdings hieß es, mächtig auf der Hut zu sein, das nicht doch irgendein Offizier sich leise heranschleicht, um die Sicherheitslage zu überprüfen – dann wäre alles aus gewesen.
Mittlerweile, es war Dezember, hatte es angefangen zu schneien und die weiße Stille machte uns alle auf seltsame Weise melancholisch.

Weihnachten wird einfach vorverlegt

„Wie Goethe von Schiller, so ging auch Schiller niemals aus dem Hause Goethes, ohne etwas wertvolles mitgenommen zu haben“

Drei Wochen vor Weihnachten bekam ich Kurzurlaub von Freitag Nachmittag bis Montag in der Frühe.
Da war Freude auf beiden Seiten angesagt und seit dieser Zeit wurde bei uns zu Hause das Weihnachtsfest mit dem Aufstellen des Christbaumes einfach vorverlegt, denn am Fest selber war meine Familie zwar nicht alleine, aber ich leider bei der Fahne!
Es ging nun darum, für unser Kind ein Weihnachtsgeschenk zu besorgen, die andere Ehehälfte musste sich beim Außenhandel darum kümmern, dass alle Räder im Wirtschaftsgefüge der DDR sich drehten und keines stillstand – kostete es manchmal auch, was es wolle!
Ich also los, hinein in die Blechbüchse (so nannten wir Leipziger scherzhaft unser Konsument-Warenhaus am Brühl), auch heute noch heißt sie bei uns so, obwohl bei vielen Leipzigern der Eindruck entsteht, das dieses Haus zur Investruine verkommen soll!

Gesagt, getan und schnell hinauf in die Spielwarenabteilung – was gab es da nicht alles zu sehen? Kinderaugen leuchteten und mit einem geschickten Ablenkungsmanöver konnte ich im Beisein unseres Kindes einen kabelgesteuerten (funkgesteuerte gab es bei uns ja noch nicht) Bagger erstehen, der dabei schnell eingepackt werden musste, damit der kleine Zwerg das nicht mitbekommt.
Dachte ich, denn später beim Auspacken sagte er uns nämlich, dass er alles ganz genau gesehen hatte, was der Papa da gekauft und weggesteckt hatte!
Die lieben Kleinen waren schon immer und zu allen Zeiten ganz schön pfiffig und helle.
Draußen wurde es ganz schön kalt – zum Glück hatten wir im Wohnzimmer eine Gasheizung und bei dem geschmückten Tannenbaum (war aber bei uns des Nadelfalls wegen keine Fichte, sondern eine Kiefer) wurde es allen recht weihnachtlich.
Das Ende des Kurzurlaubes kam dann schnell heran und ich musste Montag Früh wieder einrücken.
Es flossen wieder eine ganze Menge Tränen, aber der Trost – das Ende dieses Martyriums am 29. April – hielt uns aufrecht und somit konnten wir die Zeit überstehen.

Lindenthal im Winter ist schon manchmal romantisch

„Um 1100 wehrten die Chinesen einen Angriff der Mongolen mit Brandraketen erfolgreich ab“

Der alte Trott bei der Armee setzte unvermindert wieder ein und es ging hinaus zum Wacheschieben am vermeintlichen Munitionsdepot am Rande der Stadt.

In der Nacht war Schnee gefallen, die Morgensonne ging über dem Osthorizont gerade auf und die Schneekristalle schickten einen herrlichen Glanz über die Weite von Lindenthal.

Eine Ruhe war da – ich konnte von meinem Turm diese förmlich hören – und konzentrierte mich aber dabei auf meine Aufgabe, das Munitionsdepot zu bewachen, denn die Feinde des Imperialismus (so wurden wir bei der Politschulung instruiert) sind überall.

Mein Blick ging rundherum um den Wachturm und dabei konnte ich einen prächtigen Fasanenmann auf dem Grenzzaun sitzen sehen. Sein Gefieder glänzte so toll in der morgendlichen Sonne – für einen Moment interessierte er mich mehr, als die Munition der NVA.

Gerade in dem Augenblick flog er mit leisem Flügelschlag vom Zaun herunter und versuchte eine Landung im Schnee hinzukriegen.
Er wusste aber nicht, was ich schon kannte – unter der dünnen Schneedecke war an der Stelle eine große Eisfläche und so musste es kommen, wie es nach den Gesetzen der Physik nun mal nicht anders geht – seine kleinen Füße machten nicht das was er wohl wollte, sondern er glitt wie ein Wasserflugzeug bei der Landung über die verschneite Fläche und nur mit kräftigem Flügelschlagen konnte er mühsam die Balance halten.
Er hat es geschafft, das Gefieder wurde kurz geschüttelt und mit fasanenhafter Geschwindigkeit wieder geglättet und in Ordnung gebracht.
Ich war drauf und dran, Beifall zu klatschen, erinnerte mich aber sofort daran, dass ich hier leise sein muss, ansonsten hätte es doch Konsequenzen für mich geben können.
Zum Glück kam im Radio weihnachtliche Musik aus dem Erzgebirge und beim „Raachermannel“ und anderen musikalischen Weihnachtsgrüßen verging diese Zeit auf dem Posten auch recht zügig.
Schön hätte ich es damals gefunden, wenn es schon solche kleinen Knopfhörer, wie sie heute

jedermann hat, für meine beiden Ohren gegeben hätte, das Musikerlebnis wäre um vieles schöner gewesen.

Auch das Vorbereiten des Mittagessens bedarf gewaltiger Anstrengungen

„Hunger ist der beste Koch"?
Sokrates

Zurück in die Kaserne, es ging dann gleich zum Mittagessen und am späten Nachmittag mussten alle zum Kartoffelschälen antreten.
Das war vielleicht ein Spaß – manche Hausfrau wäre vor Lachen kaum vorwärts gekommen – die Techniken, die dabei Anwendung fanden, reichten von leichter Schalenabhebung bis zur Formung von Bauklötzern.
Und gestunken hat das in dem feuchten Bunker – wir haben es aber mit Würde getan, denn letztendlich hing auch unsere Versorgung für den kommenden Tag davon ab.
Heute werden geschälte Kartoffeln bei der Armee geliefert und keinem kommt es je in den Sinn, für solch niedere Arbeiten Soldaten der Einheit zu beschäftigen!

Fahnenflucht und unsere baldige Entlassung

„Erst wägen, dann wagen"
Helmut Graf von Moltke

Die Zeit unserer Entlassung rückte immer näher heran und bei uns machte sich die Vorfreude deutlich bemerkbar. Wäre da nicht in unserer Einheit einer gewesen, der seinen Kurzurlaub einfach verlängerte und aus Delitzsch nicht pünktlich in die Kaserne zurückkehrte.
Unsere – diesmal, oh welch Wunder nüchternen – Hauptmänner stellten kurzerhand eine Suchmannschaft zusammen und dann ging's gegen 23.00 Uhr mit dem Ello ab nach Delitzsch.
Erst mal das Objekt ausmachen, dieses sichern und dann – abwarten.
Vor 6 Uhr am Morgen konnte nichts unternommen werden! Auch die Nachtruhe war der Armee damals schon heilig (Ausnahmen davon hatte ich schon kurz beschrieben) und so mussten wir in der morgendlichen Kühle erst mal ausharren.
Froh waren wir allerdings, als eine ältere Dame aus dem Haus mit einer Thermoskanne ankam, und uns in den mitgebrachten Tassen heißen Kaffee anbot.

Was unsere Hauptmänner in der Zeit allerdings getrieben haben entzieht sich unserer Kenntnis. Vielleicht haben sie irgendwo gebechert, oder auch „gebooft“ – (für Nichtsachsen – gepennt oder geschlafen auf hochdeutsch). Wir haben es nie erfahren und so wichtig war es auch wieder nicht.
Punkt 6 Uhr wurde dann an der Wohnungstür, hinter der sich unser Ausreißer verborgen hielt, geklingelt und die Wohnung nach dem Öffnen durch seine Frau gründlich unter die Lupe genommen.
Er war nicht zu finden – das konnte nicht sein! Also – nochmals anfangen zu suchen ..., und siehe da – im Wäschepuff (vornehm gesagt Schmutzwäschebehälter!) unter einem Berg von dieser hatte sich der kleine Hanselmann versteckt.

Na, der wird sich was anhören können und den 29. April kann er auch gleich abschreiben, denn bei der Armee herrschten damals wie heute schon ganz strenge Regeln, was Fahnenflucht betraf.
Da wurde mit aller Härte durchgegriffen und dieses Delikt hart bestraft. Meist landete so ein Vergehen beim Militärstaatsanwalt und es wurde Anklage gegen den Delinquenten erhoben – wir wissen es jedenfalls nicht.

Wir haben jedenfalls sein Gesicht über eine Woche nicht gesehen – er hat sicher den „Bunker“ gehütet und Zeit bekommen, über sich und die Welt, welche ihm das angetan hat, nachzudenken!

Der ersehnte Tag – der 29. April

„Apres nous le deluge – Nach uns die Sintflut“
Madame de Pompadour

Endlich – der 29. April – unser Tag der Entlassung (besser auch „Tag der Befreiung“) . Es war schön, vor allem von uns auch gut durchorganisiert, denn von einem Kameraden und von mir hatten die Ehefrauen (auch die ehemaligen Verlobten!) an diesem Tag Geburtstag.

Es bestand also doppelter Grund zur Freude und dank meiner lieben Schwiegermama konnten wir allen beiden einen schönen Blumenstrauß überreichen, den sie für uns beide besorgt hatte.

Da war bei den 2 „Geburtstagskindern“ das Erstaunen groß, wie wir das wohl von drinnen so geschafft haben.

Erst viel später haben wir es dann verraten und bei dieser Gelegenheit mit dem Gerücht *(„alle Schwiegermütter seien Drachen und fliegen bei Wind von alleine“)* aufgeräumt.

Diejenige, welche ich hatte war eine Perle für mich, immer liebevoll, gütig und stets zur uneigennützigen Hilfe bereit.

Bis zu ihrem Ende – ein ganzes Jahr wurde sie, im Bett liegend, von allen Seiten bis zu ihrem Ende liebvoll umsorgt – bis sie von ihren Schmerzen erlöst worden ist.
Ihr gebührt an dieser Stelle unser aller Dank für ihre Liebe und Güte, die sie uns und ihrer Familie entgegen brachte.
Weit weg geht da der Gedanke vom fliegenden Drachen – eine echte Perle in meinem Erdendasein ist sie für mich gewesen.

Zurück zu Hause – die Schule hat mich wieder

Zur Abstammung des Menschen vom Affen soll der Erzbischof von Cunterbury gesagt gaben: „Wenn es wahr ist, das der Mensch vom Affen abstammt, so wollen wir dafür beten, das es nicht in der Öffentlichkeit bekannt wird“

An diesem Tag wurde bis zum Abend hin meine Wiederkehr und der Geburtstag meiner „ehemaligen Verlobten“ – auch so eine Perle, die mir im Leben geschenkt wurde – gefeiert.
Aber, wie das im Leben so ist – monatelange Enthaltsamkeit vom Teufel Alkohol – folgten auf die Ursache sofort die Wirkungen!
Bin nicht ausfällig geworden, oder sonst wie ausgerastet, aber die 2 Bierchen und 2 Doppelten Klaren hatten meinen Körper vollkommen aus dem Gleichgewicht gebracht.
Weiche Knie, Summen im Kopf und Probleme bei der Satzfindung im Gespräch waren dann das Ergebnis.
Keiner hat es mir übel genommen und ich bin dann beizeiten in „Morpheus`“ Armen versunken.

Am nächsten Morgen ging ich dann meinen gewohnten Gang zur Schule, um mich erst mal grob zu orientieren, wie denn die vor 2 Wochen stattgefundenen Prüfungen verlaufen sind und wie mein künftiger Stundenplan aussehen wird.
War alles nicht so aufregend, denn meine Praktikantin – ich hatte sie ja schon kurz vorgestellt – leistete während meiner Abwesenheit gute Arbeit.
Die Prüfungsergebnisse waren hoffnungsvoll und ansonsten ... ging alles „seinen sozialistischen Gang"!
Für den nächsten Tag war die Prüfungskonferenz angesetzt worden, aber die Entscheidungen, wer in welches Fach kommen sollte, fielen uns sehr leicht bei dieser Vorarbeit.
Beim Verkünden der Ergebnisse in den Klassen gab es dann, wie immer, Tränen (aber nicht vor Rührung!), aber das gehörte eben zum Lehrersein dazu. Das Thema hatte ich ja schon kurz angedeutet.

Auch bei der Armee gab es vernünftige Menschen.

Mein Glück war ja, das ich in Leipzig stationiert wurde und die Gelegenheit hatte, dank meines vernünftigen Hauptfeldwebels (unter uns „Spieß" genannt) auch bei den schriftlichen Prüfungen in

den Naturwissenschaften Chemie und Biologie live dabei sein zu können.
Das war vielleicht eine Aufregung, als ich dort in Uniform zur Aulatür hereinkam, um bei meinen Klassen dabei zu sein.
Ich gehe mal davon aus, dass es für beide Seiten gut war und es hat nach außen hin das Image der NVA deutlich erhöht.

Damals also in Uniform – heut in Zivil – war schon toll.

Unser Bildungssystem in der DDR – Frau G. Unverzagt glaubt es bestimmt nicht

„Die Fortpflanzung des Menschen dauert 9 Monate“

Das Hausaufgabenheft war schon eine Klasse für sich!

Seit ca. 1100n. Chr. gibt es in Deutschland Stühle mit einer Rückenlehne

Einfach, aber immer praktisch und für alle Fälle gerüstet.
Es – gemeint ist dieses Bildungssystem – war ja klug strukturiert und für alle überschaubar.
Vom Kleinkind an bis hinauf zu 10/11/12 wurde Sozialisation nicht nur groß geschrieben, sondern auch praktiziert.
Schon in der Kinderkrippe, später dann im Kindergarten, lernten die Kleinen miteinander umzugehen, Fehler zu erkennen, abzubauen und sich über gemeinsam Erreichtes zu freuen.
Zumeist war es so, das viele Kinder sich von da aus kannten, gemeinsam in die erste Klasse kamen und bis zur 10. zusammen waren. Da kannte jeder des anderen Stärken, aber auch seine Schwächen und der Prozess der Sozialisation konnte gut vollzogen werden.
Das erleichterte die Arbeit von allen ganz ungemein.
Erst in Klasse 8 kam dann die Trennung, denn einige konnten an die EOS, damit sie später ihr Abi ansteuern konnten. Der Großteil der Klassen blieb aber weiterhin bis zur 10. zusammen und konnte gemeinsam lernen und leben.
Die heutige Trennung in Sachsen nach der 4. Klasse (neuerdings soll dann auch eine nach der 6.

möglich sein) erfolgt für meinen Sachverstand viel zu zeitig, denn sie ist unüberlegt.
Wer entscheidet denn Anfang der 4. Klasse, wenn auf die Bildungsempfehlung hingearbeitet wird, um zum Gymnasium zu kommen?
Doch in erster Linie wohl die Eltern. Ein 4.-Klässler kann das doch noch nicht. Dazu ist sein eigener Sachverstand noch nicht ausgereift und er fügt sich wohl seinen Eltern.
Viele von ihnen meinen, ihrem Kind Gutes zu tun, verkennen dabei allerdings die Tatsache, dass der Stress an der „Penne“ (und der Neid untereinander) viel größer ist, als an der Realschule bei uns in Sachsen (in anderen Bundesländern sicher auch).
Viele, leider allzu viele kommen dann so gegen Ende der 8. Klasse oder am Anfang der 9. frustriert von der Penne zurück. Sie merken sehr schnell, dass sie auch hier gute Chancen haben, für ihre eigene Zukunft alles zu erreichen.
Leider sehen das viele Eltern längst nicht so, aber auch einige Ausbildungsbetriebe denken immer noch, dass ein Abi-Abschluss besser sei, als nur den Realschulabschluss zu haben!
Letztere sollten der jungen Generation – es sind ja später mal jene, welche die Renten für die Älteren erwirtschaften sollen – Möglichkeiten zum Ken-

nenlernen und Ausprobieren des Lebensalltages bieten
Praktika, aber welche die hohe Anforderungen an beide Seiten stellen, sind selbstverständlich und für einen beginnenden Berufsanwärter unerlässlich.
Da genügt es nicht, nur irgendeinen Praktikumsplatz zu nehmen, sondern dieser soll auch motivierend für die spätere Entwicklung sein.
Andererseits muss viel an Gleichgültigkeit bei unserer gegenwärtigen Junggeneration abgebaut werden und Motivationsschübe, etwas Sinnvolles tun zu wollen, auch von ihnen und von innen heraus kommen.
Da gibt es auf diesem Gebiet noch viele, viele Hemmnisse – die meisten davon sind aber hausgemacht – und die gilt es abzubauen.
Fähige Politiker sind hier gefragt und nicht irgendwelche Parteiengänger, die gerade die Macht besitzen und diese mit dem Wahlvolk ausspielen wollen.

Eine heile Welt für unsere Zukunft

„Die Heimat der Kamele ist Nordamerika.
dort wanderten sie schon vor Kolumbus aus"

Warum wird den Kids durch die meisten Medien in Deutschland eine heile und bunte Zukunftswelt vorgegaukelt, wenn dem doch nicht so ist?
Wie kann es sein, dass es gewisse Medien direkt darauf anlegen, das eigentlich mündige Wahlvolk zu verdummen und ihnen Blödsinn oder Seelenschrott als hochwertiges Bildungsgut in dem Realo-Kapitalismus vorzugeben?
Da nützt auch kein Zurechtrücken mancher Programmdirektoren – es gibt einfach zu viele Bildungsblasen in diesem System.
Immer frei nach dem Motto: Nicht viel im Kopf, aber dafür massig Holz vor der Hütte, das mit der Stimme bekommen wir dann im Studio schon hin.
Aus Dir machen wir dann einen für immer unvergesslichen Star!
Das kommt mir vor, wie ich es noch aus meiner Kindheit kenne, um lästige Fliegen einzufangen, hing im Zimmer ein klebriger Fliegenfängerstreifen an der Wohnzimmerlampe ..., und alle Fliegen gingen dem auf den Leim.

So muss es wohl einem Teil unserer Zukunft gehen, wenn sie sich darauf blind einlassen und meist noch von zu Hause Unterstützung bekommen.

Was ihnen fehlt, sind Perspektiven, für die es sich auch lohnt zu leben. Und nicht nur diese – ihnen muss auch die gegenwärtige Sicht klar zur Realität gezeigt werden, auch wenn es vielen schwer fällt, der Wahrheit ungeschminkt ins Auge zu sehen.

Augenblicke im Moment in LE – am Gelde hängt eben alles

„In Lappland wohnen 2 Sorten von Lappen. Die reichen Lappen fahren im Rentiergespann, die armen Lappen gehen zu Fuß. Daher der Name „Fußlappen“ Dort leben die Menschen dicht zusammen – daher das Sprichwort: „Es läppert sich zusammen“

Es war im Jahr 2009 – momentan ist wieder mal Wahlkampf angesagt und überall hängen Pappkameraden mit ganz klugen Sprüchen an den vielen Lichtmasten, die es im Unterschied zu den Papierkörben, welche fehlen, in LE gibt.
Die von den Neos haben sich ganz oben etabliert, die anderen mit den 3 Buchstaben wohnen weiter unten.
Für Autofahrer muss das doch ein Graus sein, soviel Ablenkung auf der Fahrstrecke – oder sehe ich das falsch? Aber wehe dem, wenn sich ein kleiner Gewerbetreibender erdreistet, vor seinem Geschäft einen Aufsteller anzubringen, um auf sich hinzuweisen – da ist die Ordnungsmacht sofort da in Deutschland!
Wie einfach geht es doch in vielen unserer Nachbarländer! Da öffnen die Geschäfte eben nach

Bedarf – es muss doch nicht immer alles reglementiert werden, oder!?
Dazu kommen noch die vielen Wahlversprechen – ob sie je eingehalten werden sollten ist dabei vollkommen nebensächlich.
Hauptsache ist doch, dass das geplante Geld alle gemacht wird – ob das an anderer Stelle dringender gebraucht würde, ist dabei nicht von Belang.
An so vielen Ecken fehlt in Leipzig das Geld, um dringende Dinge zu lösen, aber für diese Farce wird von allen Parteien das Geld mit vollen Händen ausgegeben.
Es fehlen – ich erwähnte es schon – viele Paperkörbe in der Stadt, viele Straßen sind eine einzige Buckelpiste und nach diesem Winter 2009/2010 ganz besonders.
Dass dabei aber die Ursache im unvernünftigen Aufbringen von Unmengen des Tausalzes auf die Leipziger Straßen ist, scheint unseren Stadtverantwortlichen nicht so richtig einzuleuchten. Warum schauen die Verantwortlichen nicht mal in die Länder, wo Schnee zum Alltag und zur Touristenattraktion gehört? Dort geht man wesentlich sanfter mit dem Straßenbelag um und fegt das Streugut nach der Saison wieder zusammen.

Ebenso ist die alljährlich im Frühjahr wiederkehrende „Tarifanpassung“ des Monopolisten LVB (Leipziger Verkehrsbetriebe), die dann immer an einem Wochenende im Februar dem Bürger verklickert wird.
Eine Konkurrenz zu diesem Unternehmen gibt es leider nicht – das gab es ehemals zu Pferdebahnzeiten!
Nicht nur für mich ist dies „Tarifanpassung“ die reinste Abzocke und keinesfalls zu verstehen.
Leider bin nicht nur ich darauf angewiesen, um von A nach B über C befördert zu werden, denn ... ich habe ja gar kein Auto!
Dafür könnte, ginge es nach dem Willen der Bürger, dringend eine Finanzspritze gebraucht werden, aber, ob das bei der momentanen Wirtschafts- und Finanzlage überhaupt noch zu stemmen ist – ich weiß nicht?
Da sind von unseren damaligen Stadtoberhäuptern in den 90er Jahren zu viele Cross-Border-Geschäfte mit ungedeckten Schecks gemacht worden – jetzt bekommt Otto-Normalverbraucher dafür die Rechnung.
Diese will und kann er gar nicht bezahlen, aber was tun? Die Verursacher dieses Desasters hüllen sich

derweil in Schweigen, oder sie wissen eben von nichts.
Warten wir es ab, was hier noch alles auf uns Leipziger zukommt.
Am Wahlsonntag des vergangenen Jahres hätte der mündige Bürger die Gelegenheit gehabt, sein Recht einzufordern, aber was tun viele?
Ihnen ist es doch egal, Hauptsache ist doch, dass die „Stütze" pünktlich da ist und für Miete, Heizung und das tägliche Bier ist dann gesorgt. Und sollte das nicht reichen, geholfen wird dann immer noch – durch den sozialen Rost ist bisher noch keiner gefallen. Es sei denn, ihn widert dieses System an, steigt aus diesem aus, und entschließt sich auf der Straße zu leben.
Auch viele, allzu viele Kids gibt es schon in meiner Stadt und Vereine kämpfen für sie, indem sie um jeden Euro betteln müssen. Schön wäre es, wenn für diese ein Teil der Wahlwerbefinanzen Verwendung finden könnte, dann brauchen die vielen fleißigen Helfer sich nicht die Füße wund zu laufen, um Sponsoren zu finden, die ein Herz für Kinder haben.
Aber diese Zielgruppe erscheint bei keinem der „Pappkameraden" an den städtischen Masten in Zeiten der klugen Wahlversprechen.

Es ist eigentlich so viel Geld in diesem Lande da, nur müsste es richtig verteilt werden, damit alle Bedürftigen etwas davon haben.
Einige Unbelehrbare wird es zwar immer geben, aber bei richtiger Kontrolle und gezielten Sanktionen an diese könnte dem Missbrauch entgegen gewirkt werden.
Ein aktuelles Beispiel aus dem vergangenen Sommer 2009 ist die sogenannte „Abfindung" für einen ehemaligen Vorstandschef – 250 Millionen Euro sind dabei im Gespräch!
Das ist doch zutiefst sittenwidrig, aber dieses bundesdeutsche System ist eben so gehäkelt (beim Stricken würden die Maschen reihenweise runterfallen!), dass solche Gehobenen fürs Dasein fürstlich entlohnt und die einfachen Diener diese Staates (das sind aber gerade diejenigen, die dieses Wirtschaftssystem am Leben erhalten) mit ach so aberwitzigen Steuerversprechen auszutricksen versucht.
Was haben denn die ca. 20 Millionen Rentner von der „gewaltigen" monatlichen Rentenerhöhung im Jahr 2009?

1. Einigen wird das Finanzamt kräftig in die Hacken treten, denn sie müssen eine Steuererklärung anfertigen und an den Fiskus löhnen.

2. Alle anderen (auch viele aus Gruppe 1) müssen ja alle möglichen (und unmöglichen) IGEL-Leistungen bei zahlreichen Vorsorgeuntersuchungen ihrer Fachärzte teuer bezahlen!

Warum eigentlich – wäre eine bezahlbare Vorsorge nicht 1000 x besser, als dann die Kosten für teure Behandlungen zu übernehmen, wenn meist schon alles zu spät ist?

Pisa und unsere Bildung im Lande

„Der Physiker Conrad W. Röntgen war der erste Mensch, der seine Innereien betrachten konnte"

Wäre kostenfreie Bildung und Erziehung für alle Kinder nicht besser (manchmal sind es auch nicht gerade wenige Erwachsene, die Lesen und Schreiben lernen wollen!), als immer nur so zu tun, als sei alles im Lot und Pisa sei bestätigt?
Immer wieder keimen da bei mir Gedanken auf, dass so eine gerechtere Lösung gar nicht gewollt sei.
Lass doch die Menschen sich kulturmäßig berieseln, wie es zahlreiche Fernsehsender mit ihren „niveauvollen" Beiträgen dem Zuseher glaubhaft versprechen – das ist doch das Non plus Ultra; was Bessres gibt es nicht auf Erden.
Oh, oh – es war wohl Erich Kästner, der in seinem Gedicht über die sogen. Klassefrauen so herzhaft vom Leder zog und meinte: „... ach wenn's doch Mode wäre zu verblöden, die Klassefrauen täten's auch!"
Ich als Leipziger muss schon ganz schön suchen, um in unserer Kulturlandschaft Niveau zu finden.

Da tritt beispielsweise ein momentan hochgejubeltes „Sternchen“ in unserem Gewandhaus oder der Arena (eigentlich für sportliche Aktivitäten gedacht) auf und trällert mit viel Technikunterstützung ihre Liedchen, dabei sind die Ticketpreise jenseits von Gut und Böse.
Stelle mir gerade vor, was wohl passieren würde, käme es da zum Stromausfall bei der Technik!
Aber, solange Menschen dafür bezahlen, geht es so weiter.
Unserer jetzigen Jugend und späteren Elterngeneration würde es gut tun, Vorbilder (auch in der eigenen Familie) zu haben, denen sie glauben könnten.
Wo liegt aber das Hauptproblem? In der Familie gibt es sie sicher, nur sollten sie gefördert und gefordert werden – dieses System der Bundesrepublik bringt das aber nicht auf.
Da wird dem Volk vor den Wahlen versprochen, was es nur zu versprechen gibt ..., und dann kommt kurz danach das böse Erwachen für diejenigen, die an die Zaubersprüche geglaubt haben.
War das in der unvereinigten Bundesrepublik nicht schon immer so? Im Karneval die Sau rauslassen und danach wieder zur Tagesordnung übergehen!

Würde jeder mündige Bürger zur Wahl gehen, im Lande sähe es anders aus.
Und, ... in die verantwortlichen Positionen sollten Personen kommen, die ihr Handwerk gelernt haben, unabhängig von jedweder Parteienzugehörigkeit – das wäre gut so!
Na, ja ich lasse es gut sein mit der Schelte auf unsere „Berufspolitiker“, aber es musste mal gesagt werden.

Das Jahr 1989 – wie war das damals?

„Die Politik verdirbt den Charakter?"
Bismarck im dt. Reichstag

Was ist so besonders an diesem Herbst im Jahr 1989?
Die Spannung war unverkennbar und allen wurde klar, dass sich etwas tun muss.
Nur, wie und wann, das konnte niemand voraussagen.
Wir zwei sind jedenfalls an diesem Tag – es war unser Nationalfeiertag in der DDR – der 7. Oktober – am Nachmittag zum üblichen Stadtbummel aufgebrochen, aber es war irgendwie anders als sonst! Die Lunte brannte schon – was sollte werden? Wie wird es weitergehen?
Um die Nikolaikirche, in der Nikolaistraße und der Ritterstraße standen Menschen in Gruppen zusammen – ebenso viel Grün von Polizei stand dem gegenüber.
Wir sind an den vielen Schildern und Blumensträußen, die an den Nordfenstern der Kirche klebten oder steckten, gerade vorbei gewesen und bogen in die Grimmaische Straße ein, da hörten wir hinter uns ein Getrappel und Gerenne vieler

Menschen in Richtung des Karl-Marx-Platzes gefolgt von einem starken Polizeiaufgebot.
Intuitiv haben wir uns sofort hinter eine der Säulen der Arkaden beim Optiker gestellt – wir waren maßlos erschrocken. Hatten nur einen Gedanken – so schnell, als es nur geht nach Hause, um andere zu informieren, damit sie möglichst nicht in die Innenstadt gehen.
Was tun stattdessen junge Leute – entgegen dem Rat der Älteren?
Jetzt erst recht – müssen doch mal sehen, ob es wirklich so ist!
Glücklicherweise ist beiden nichts passiert, aber die Eindrücke waren für sie prägend in der kommenden Zeit. Mit jugendlichem Übermut wurde entschuldigend berichtet, dass alles doch gar nicht so schlimm gewesen sei, aber am Schluss siegte die Vernunft dann doch.
Das Wochenende verlief nicht ganz so normal als sonst, Jeder machte sich so seine Gedanken – wie mag das nur weitergehen?
Die Schule ging am Montag darauf wieder los, aber ... überall brodelten Gerüchte und Berichte über all das, was geschehen war.
Diese Spannung war allgemein zu spüren. Unser damaliger „Hausherr"-Direx einer POS, bei dem

unsere Schule wegen Totalumbau zeitweilig Asyl gefunden hatte, stellte aber alles mit rosarot verklärtem Brillenblick dar und meinte letztendlich, dass die Staatsmacht nun aber hart durchgreifen wird und die erwartete Konterrevolution sofort im Keim ersticken werde.

Argumente gegen seine Ansichten wurden als verräterisch und völlig abwegig bezeichnet und ich werde schon sehen, wohin mich meine provokanten Ansichten führen werden.

Dabei hatte ich ihn im Frühjahr 1986 in Sotschi am Schwarzen Meer ganz anders kennen gelernt, nicht so verbohrt wie im Herbst '89.

An diesem denkwürdigen Abend sind wir, wie gewohnt zur Montagsdemo in die Stadt gegangen, doch zuvor haben wir eine gute Freundin der Familie besucht. Sie hatte uns angerufen, ob wir nicht zu ihr kommen könnten – sie hatte Angst!

Keiner wusste doch, wie es ausgehen würde – jeder vermutete das Schlimmste: und die Gerüchteküche brodelte.

Wir waren bei ihr, mitten im Zentrum von LE und haben beim Kaffeetrinken die Aufrufe der Bürgerinitiative – u.a. die von Prof. Kurt Masur – vernommen und hofften inständigst, dass nichts passieren wird.

Das waren schon gewaltige Emotionen, die bei uns hochkamen und keiner wusste, was wird.
Die Menschenmenge war gewaltig, die wir am Ring trafen, nachdem wir uns von unserer Freundin verabschiedet hatten. Es war unbeschreiblich und gleichzeitig aufregend – der Puls war sicher bei 200, anders lässt sich die Situation nicht beschreiben.
Immer wieder der Aufruf: „Keine Gewalt!"; und er hat geholfen!
Im Nachhinein eine ganz brenzlige Situation für alle; auch die, welche auf der anderen Seite gestanden hatten – Familienväter, Ehepartner, Großeltern usw. – allen war klar, dass sich heute alles entscheiden wird.
Es hat sich entschieden an diesem Tag und es war gut so!

Die Interessen der Jugendlichen damals und heute – welche gewaltigen Unterschiede

„Mehr Licht" das sollen angeblich die letzten Worte J.W.v. Goethe gewesen sein

Ein sonst völlig normaler Unterrichtstag verlief nach diesem 9. Oktober ganz anders – die Spannung war auch bei unseren Schülern zu spüren.

Sie wollten reden, aber nicht darüber, sondern über die Konsequenzen, die zu erwarten waren.
Ist doch erstaunlich, womit sich Jugendliche in dieser Zeit beschäftigten – heute geht es doch größtenteils nur darum, wer wo ein Superstar wird und wie ich das erreichen kann.
So wie diese möchte ich auch werden! Von dieser Idee sind leider allzu viele Jugendliche von heute beseelt.
Schade, dass dieses Interesse an dem Politikgeschehen in den nachfolgenden 20 Jahren – nicht nur bei Jugendlichen – so völlig flöten ging. Viele Erwachsene stehen mit ihnen in gleicher Front und lassen die Geschehnisse an ihrem „Allerwertesten“ vorbeigehen.
Sie meinen, das es eh nichts bringt, wenn sie sich einmischen, denn ... die machen ja doch, was sie wollen! Irgendwie stimmt es ja doch, wenn ich nur an die gegenwärtige Diskussionen um den Afghanistaneinsatz der Bundeswehr, oder die Hartz-IV-Debatte denke.
Ist das nun eigentlich Politikverdrossenheit, oder schlichtweg Ignoranz und Kapitulation vor eigenen Problemen?

Vielen geht es doch gut, also, warum soll ich dann noch zur Wahl gehen. Die machen ja doch, was sie wollen!
Wer sind eigentlich – „Die“? Lässt sich das konkretisieren, oder ist das nur so dahingesagt?
Damals im Herbst 89 –was wurde da nicht alles bejubelt?
Wenn wir nur endlich freie Wahlen hätten und die D-Mark dazu!

Und jetzt? Wenn ich mich nicht einmische, wie ist doch völlig egal, dann ändert sich in diesem reichen Lande doch nie was.
Wie sahen aber die Ergebnisse bei den letzten Wahlen aus?
Haben wir als hoch entwickeltes Industrieland es nötig, Bundesbürger durch Spendenaufrufe zu animieren, damit Betroffenen geholfen werden kann?
Ist es nicht höchsteigene Sache dieser jetzigen Schwarz-Gelben (bei den vorherigen Farben war ja alles falsch!) Koalition, sich engagiert dafür einzusetzen, dass denen, die Hilfe brauchen, auch geholfen werden wird ?
Eine Aufzählung darüber ist sicher nicht nötig – da weiß jeder, wo die „Säge im Lande“ klemmt (ich

sage mal ganz einfach, das in diesem Staate etwas faul ist!). Diese Aussage traf aber vor vielen Jahren schon einmal jemand; es gab also auch damals schon solche Probleme.

Ich bin kein Politiker und möchte es hier auch nicht sein, aber es ist eine Schande, wenn in Deutschland die Kinderarmut dramatisch ansteigt, während an anderer Stelle Geld für sinnlose und überteuerte Projekte einfach verschleudert wird und Abzocker den großen Reibach machen können.

Mancher unserer Berufspolitiker sollte sich mal die Worte vom großen Humanisten Albert Schweitzer zu Herzen gehen lassen, der einstmals „Ehrfurcht vor dem Leben“ anmahnte!

Es war aber damals, wie heute nicht anders – Heinrich Heine formulierte das in seinem Gedicht „Deutschland, ein Wintermärchen“ so treffend, indem er schrieb: „„... ich kenne auch die Herren Verfasser, sie tranken heimlich Wein und predigten öffentlich Wasser“.

Zurück zum Anfang – 110 m über Leipzig der Abend im Uni-Riesen

„Ich hab's gefunden" – (Heureka) Archimedes bei seiner Entdeckung des Auftriebes von Körpern

110 m von hier nach unten

Also, um es noch mal zu sagen, der Abend im Kreise meiner Kollegen war wunderbar, abgesehen von den Krabbeltieren auf dem Holz der Sitzmöbel, aber so schnell gebe ich nun mal nicht auf.
Am darauf folgenden Montag habe ich mich in die Spur begeben und dem Gaststättenleiter vom Panorama-Restaurant einen Brief mit krabbeltierigem Inhalt geschrieben.

„Mir bleibt halt nichts erspart?"
Friedrich der Große

Es dauerte gar nicht lange und ich bekam von ihm die Antwort, dass man es sehr bedauere, was uns für teures DDR-Geld widerfahren musste, aber in Gaststätten und ähnlichem Gewerbe seien solche Sachen normal und nur die Gäste verursachen deswegen Stress!
Erstaunlich ist nur, dass sich die Betreiber des Etablissements in 110 m Höhe kurzfristig dazu entschlossen, dieses für 3 Tage zu schließen, damit der „Kammerjäger" in der Zeit die Etagen nutzen und ganze Arbeit leisten konnte!

Sicher hatten auch andere Gäste da oben ähnliche Erfahrungen machen müssen und diese den Betreibern ebenfalls mitgeteilt.

Die Maßnahmen müssen wohl geklappt haben, aber wir sind seit dieser Zeit kaum wieder oben gewesen; hatten nach der Wende dort mal „Höhenluft“ versucht zu schnuppern und uns auch die magere Innenausstattung im Restaurant angeschaut, aber Entzücken kann uns das nicht

Eher erinnerte uns das an die Ausstattung von Bahnhofsrestaurants und da fühlten wir uns dort oben bei solchem Charme nicht wohl.

Heute heißt der „Uni-Riese“ (und für uns Eingeborene Leipziger ist er das nach wie vor!) City-Tower. Als ich vor kurzem vorbeiging, um Fotos für dieses Büchlein zu machen, stand am vornehmen Eingang die Bezeichnung „Panorama Tower“ dran.

Nur gut, das es diese „Denglisch-Manie“ zu DDR-Zeiten nicht gab, da hätten die dort oben wohl eine andere Speisen- und Getränkekarte drucken müssen!

Scheint aber in der jetzigen Zeit völlig normal zu sein, überall ist zu Sommerschluss – o.a. Zeiten in den Geschäften von „Sale“ zu lesen – ob die das in England auch so machen und in ihre Läden Schil-

der mit der Aufschrift „Schlussverkauf“ o.ä. hinstellen? Wir haben es jedenfalls in Dover oder Cunterbury nicht gesehen!
Keiner scheint sich daran zu stören, eher wird versucht, das wahlmündige Volk darüber aufzuklären, worüber es sich lieber Gedanken machen soll – nur nicht viel nachdenken heißt da die Devise!
Ist denn unsere Sprache nicht so schön, dass sie auch verwendet werden sollte? Schämen sich gewisse Lieder- oder sonstige Macher ihr geistiges Gut in deutsche Worte zu verpacken, oder kommen sie mit der neuen Rechtschreibung nicht klar? Weshalb dann alles auf „Englisch“?
Eine weltbekannte deutsche Opernsängerin würde zu diesem Thema aber mächtig gewaltig „vom Leder ziehen“.
All ihr „Denglisch-Menschen“ – warum seid ihr nicht stolz auf unsere deutsche Sprache – die der Dichter und Denker?
Schämt sich niemand von euch, wenn diese dadurch total verhunzt wird?
Schickt doch einfach mal paar eurer „Ergüsse“ mit auf eine kosmische Reise ins All, vielleicht begegnen diese der Platine mit der Stimme von Edda Moser in Mozarts Arie der Königin der Nacht!
Dort heißt es so treffend:

„Der Hölle Rache kocht in meinem Herzen, Tod und Verzweiflung flammet um mich her“!

Zum Schluss noch etwas Denkwürdiges zum Thema Fortpflanzung beim Menschen aus einer 5. Klasse in Bio!

„Der Mann steckt seinen Penis in die Scheide der Frau und schleudert seine Hoden hinterher“

Quellennachweis

Karrikatur:	„Stuttmanns Blick“ auf Seite 51 mit Genehmigung des Autors Klaus Stuttmann
Bilder:	Rainer Schwarzer